Inhaltsverzeichnis

Hinweise

- Ein Punkt über dem Buchstabensymbol bedeutet die erste Ableitung nach der Zeit; zwei Punkte bedeuten die zweite Ableitung nach der Zeit.

- Unter dem Abstand ausgedehnter Körper ist stets der Abstand der Massenschwerpunkte bzw. Ladungsschwerpunkte gemeint.

- Widerstand R, Kapazität C und Induktivität L bezeichnen sowohl das Bauteil selbst als auch den Wert der entsprechenden Größe.

- Unter der Ladung Q versteht man sowohl die Eigenschaft eines Körpers als auch den Wert der Ladung.

- Unter der Masse m versteht man sowohl die Eigenschaft eines Körpers als auch den Wert der Masse.

- Treten die Buchstabensymbole vektorieller Größen wie Kräfte oder Feldstärken ohne Pfeil über dem Buchstabensymbol auf, so sind die Beträge der jeweiligen Größen gemeint.

- Unter Normbedingungen sind die Bedingungen bei 0 °C und 1013 hPa zu verstehen. Unter Standardbedingungen sind die Bedingungen bei 25 °C und 1013 hPa zu verstehen.

- Die geschweiften Klammern im Argument des Logarithmus geben die Maßzahl einer chemischen oder physikalischen Größe ohne Einheit wieder.

Physik

Mechanik und Spezielle Relativitätstheorie

Newtonsche Gesetze

1. Newtonsches Gesetz – Trägheitssatz	Wirkt auf einen Körper keine Kraft oder befindet er sich im Kräftegleichgewicht, so bleibt er in Ruhe oder er bewegt sich mit konstanter Geschwindigkeit geradlinig weiter.
2. Newtonsches Gesetz – Grundgleichung der Mechanik	$$\vec{F} = m \cdot \vec{a}$$ $\vec{a}$ ist die Beschleunigung, die ein Körper der konstanten Masse m erfährt, wenn die Kraft $\vec{F}$ auf ihn wirkt. Wirkt über die Zeitdauer Δt eine konstante Kraft $\vec{F}$ auf einen Körper, so ist seine Impulsänderung: $$\Delta \vec{p} = \vec{F} \cdot \Delta t$$ Allgemeine Formulierung der Grundgleichung der Mechanik: $$\vec{F} = \dot{\vec{p}}$$ $\vec{p}$ ist der Impuls des Körpers.
3. Newtonsches Gesetz – Wechselwirkungsgesetz	$$\vec{F}_{12} = -\vec{F}_{21}$$ Actio gegengleich Reactio – Kräfte treten stets paarweise auf.

Einfache Beispiele für Kräfte

Gewichtskraft F_G auf einen Körper	$$F_G = m \cdot g$$ m ist die Masse des Körpers, g die Fallbeschleunigung am Ort des Körpers.
Gesetz von HOOKE	$$F = D \cdot s$$ F ist die Kraft, mit der eine elastische Feder um die Länge s gedehnt bzw. gestaucht wird, D die Federhärte.

Dichte, Druck und Auftrieb

Dichte ϱ eines Körpers / einer Flüssigkeit / eines Gases

$$\varrho = \frac{m}{V}$$

m ist die Masse des Körpers/der Flüssigkeit/des Gases, V das Volumen.

Druck p in einem Gas oder einer Flüssigkeit

$$p = \frac{F}{A}$$

F ist die Kraft, die senkrecht auf jedes Flächenstück A der Gefäßwand wirkt.

Hydrostatischer Druck p in einer Flüssigkeit

$$p = \varrho \cdot g \cdot h$$

ϱ ist die Dichte der Flüssigkeit, g die Fallbeschleunigung, h die Höhe der Flüssigkeitssäule über dem Messpunkt.

Auftriebskraft F_A auf einen Körper in einem Medium

$$F_A = \varrho \cdot g \cdot V$$

ϱ ist die Dichte des Mediums, g die Fallbeschleunigung, V das Volumen des verdrängten Mediums.

Reibungskräfte

Einfaches Gleitreibungsmodell für die Reibungskraft F_R

$$F_R = \mu \cdot F_N$$

μ ist die Gleitreibungszahl, F_N die Normalkraft.

Reibungskraft F_R nach Stokes (bei laminarer Strömung)

$$F_R = 6\pi \cdot \eta \cdot r \cdot v$$

r ist der Radius einer Kugel, v ihre Geschwindigkeit, η die Viskosität des Mediums, von dem die Kugel laminar umströmt wird.

Widerstandskraft F_W nach Newton (bei turbulenter Strömung)

$$F_W = \tfrac{1}{2} c_W \cdot A \cdot \varrho \cdot v^2$$

c_W ist der Widerstandsbeiwert, A die Querschnittsfläche des Körpers, v seine Geschwindigkeit, ϱ die Dichte des Mediums, von dem der Körper turbulent umströmt wird.

Energie

Satz von der Erhaltung der mechanischen Energie

In einem abgeschlossenen mechanischen System ohne Reibung bleibt die Gesamtenergie konstant. Die Gesamtenergie E_{ges} setzt sich zusammen aus der kinetischen Energie E_{kin} und der potenziellen Energie E_{pot}.

$$E_{ges} = E_{kin} + E_{pot} = \text{konst.}$$

Verallgemeinerung auf alle physikalischen Systeme: In einem abgeschlossenen System bleibt die Gesamtenergie konstant.

Kinetische Energie E_{kin} (Bewegungsenergie)

$$E_{kin} = \tfrac{1}{2} m \cdot v^2$$

m ist die Masse eines Körpers, v seine Geschwindigkeit.

Höhenenergie E_H (Lageenergie)

$$E_H = m \cdot g \cdot h$$

m ist die Masse eines Körpers, h seine Höhe über dem Bezugspunkt, g die Fallbeschleunigung.

Spannenergie E_{Sp} einer hookeschen Feder

$$E_{Sp} = \tfrac{1}{2} D \cdot s^2$$

s ist die Länge, um welche die Feder gedehnt bzw. gestaucht wird, D die Federhärte.

Mechanische Arbeit

Arbeit-Energie-Prinzip der Mechanik

Mechanische Arbeit W ist die einem mechanischen System zugeführte bzw. entzogene mechanische Energie ΔE.

$$W = \Delta E = E_{nachher} - E_{vorher}$$

Mechanische Arbeit W

$$W = F \cdot s$$

F ist die konstante Kraft entlang des Weges s.

Ist die Kraft vom Ort x abhängig, gilt allgemein:

$$W = \int_{x_1}^{x_2} F(x)\, dx$$

$F(x)$ ist die Kraft entlang des infinitesimalen Wegstücks dx.

Goldene Regel der Mechanik

Bei einem idealen Kraftwandler ändert sich das Produkt aus Kraft und Weg nicht.

Beispiele idealer Kraftwandler

■ **Schiefe Ebene**

$$F_H \cdot s = F_G \cdot h$$

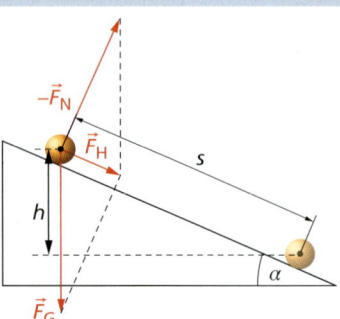

F_H ist die Hangabtriebskraft, s die Strecke entlang der schiefen Ebene, F_G die Gewichtskraft des Körpers und h der erzielte Höhenunterschied.

Zusammenhang zwischen Hangabtriebskraft F_H, Normalkraft F_N und Gewichtskraft F_G:

$$F_H = F_G \cdot \sin(\alpha)$$

$$F_N = F_G \cdot \cos(\alpha)$$

α ist der Neigungswinkel der schiefen Ebene.

■ **Hebel**

$$F \cdot s = F_G \cdot h$$

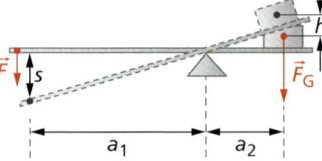

F ist die Kraft, die am Hebel entlang des Weges s ansetzt, F_G die Gewichtskraft des Körpers und h der erzielte Höhenunterschied.

Am längeren Hebelarm $a_1 > a_2$ greift die kleinere Kraft $F < F_G$ an.

$$F \cdot a_1 = F_G \cdot a_2$$

■ **Einfacher Flaschenzug**

$$F \cdot s = F_G \cdot h$$

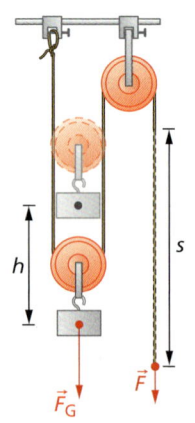

F ist die Kraft, die am Flaschenzug entlang des Weges s ansetzt, F_G die Gewichtskraft des Körpers und der losen Rolle, h der erzielte Höhenunterschied.

Leistung und Wirkungsgrad

Leistung P

$$P = \frac{W}{\Delta t}$$

W ist die in der Zeitdauer Δt verrichtete Arbeit.

Wirkungsgrad η

$$\eta = \frac{P_{\text{nutz}}}{P_{\text{auf}}}$$

P_{nutz} ist die genutzte und P_{auf} die aufgewandte Leistung.

Impuls

Impuls $\vec{p}$ eines Körpers

$$\vec{p} = m \cdot \vec{v}$$

m ist die Masse eines Körpers, $\vec{v}$ seine Geschwindigkeit.

Impulserhaltungssatz für den Stoß zweier Körper

$$m_1 \cdot \vec{v}_1 + m_2 \cdot \vec{v}_2 = m_1 \cdot \vec{u}_1 + m_2 \cdot \vec{u}_2$$

$\vec{v}_1$ ist die Geschwindigkeit der Masse m_1, $\vec{v}_2$ die Geschwindigkeit der Masse m_2 jeweils vor dem Stoß, $\vec{u}_1$ ist die Geschwindigkeit der Masse m_1, $\vec{u}_2$ die Geschwindigkeit der Masse m_2 jeweils nach dem Stoß, m_1, m_2 sind die konstanten Massen der Körper.

Allgemeiner Impulserhaltungsatz

Ohne äußere Kräfte bleibt der Gesamtimpuls eines Systems konstant.

Kinematik eindimensionaler Bewegungen

Konstante Geschwindigkeit v

$$v = \frac{\Delta x}{\Delta t}$$

Δx ist der in der Zeitdauer Δt zurückgelegte Weg.

Mittlere Geschwindigkeit $\bar{v}$

$$\bar{v} = \frac{\Delta x}{\Delta t}$$

Δx ist der in der Zeitdauer Δt zurückgelegte Weg.

Momentane Geschwindigkeit $v(t)$

$$v(t) = \lim_{\Delta t \to 0} \frac{\Delta x(t)}{\Delta t} = \dot{x}(t)$$

Konstante Beschleunigung a

$$a = \frac{\Delta v}{\Delta t}$$

Δv ist die Geschwindigkeitsänderung in der Zeitdauer Δt.

Allgemeine Bewegungs-gleichungen geradliniger Bewegungen	$v = \dot{x}$ $a = \dot{v} = \ddot{x}$ x ist der Ort des Körpers, v seine Geschwindigkeit und a seine Beschleunigung jeweils zum Zeitpunkt t.
Geradlinige Bewegung bei konstanter Beschleunigung a	$x = \frac{1}{2} a \cdot t^2 + v_0 \cdot t + x_0$ $v = a \cdot t + v_0$ x ist der Ort, v die Geschwindigkeit des Körpers jeweils zum Zeitpunkt t, v_0 ist die Geschwindigkeit und x_0 der Ort zum Zeitpunkt $t = 0$.
Harmonische Schwingung	$x = x_0 \cdot \cos(\omega \cdot t)$ $v = -v_0 \cdot \sin(\omega \cdot t)$ $a = -a_0 \cdot \cos(\omega \cdot t)$ x ist der Ort, v die Geschwindigkeit, a die Beschleunigung des Körpers jeweils zum Zeitpunkt t, falls die Auslenkung bei $t = 0$ maximal ist. x_0 ist die Amplitude, ω die Kreisfrequenz. $v_0 = x_0 \cdot \omega$ und $a_0 = x_0 \cdot \omega^2$ sind die Maximalwerte für die Geschwindigkeit bzw. für die Beschleunigung. Die Ortsfunktion $x(t)$ ist eine Lösung der Differentialgleichung $m \cdot \ddot{x} + D \cdot x = 0$ m ist die Masse des Körpers, D die Richtgröße (bei einer Federschwingung die Federhärte).
Frequenz f eines Federpendels	$f = \frac{1}{2\pi} \sqrt{\frac{D}{m}}$ D ist die Federhärte, m die Masse des schwingenden Körpers.
Frequenz f eines Fadenpendels (für kleine Auslenkungen)	$f = \frac{1}{2\pi} \sqrt{\frac{g}{l}}$ g ist die Fallbeschleunigung, l die Länge des Fadens.

Mehrdimensionale Bewegungen

■ **Geschwindigkeit $\vec{v}$**

$$\vec{v} = \frac{\Delta \vec{r}}{\Delta t}$$

$\Delta \vec{r}$ ist die Änderung des Ortsvektors innerhalb eines kurzen Zeitintervalls Δt.

■ **Beschleunigung $\vec{a}$**

$$\vec{a} = \frac{\Delta \vec{v}}{\Delta t}$$

$\Delta \vec{v}$ ist die Änderung des Geschwindigkeitsvektors innerhalb eines kurzen Zeitintervalls Δt.

■ **Allgemeine Bewegungs-gleichungen mehrdimensionaler Bewegungen**

$$\vec{v} = \dot{\vec{r}}$$

$$\vec{a} = \dot{\vec{v}} = \ddot{\vec{r}}$$

$\vec{r}$ ist der Ortsvektor, $\vec{v}$ die Geschwindigkeit und $\vec{a}$ die Beschleunigung des Körpers jeweils zum Zeitpunkt t.

■ **Waagerechter Wurf**

$$x = v_0 \cdot t \qquad y = -\frac{1}{2} g \cdot t^2$$

$$v_x = v_0 \qquad v_y = -g \cdot t$$

$$a_x = 0 \qquad a_y = -g$$

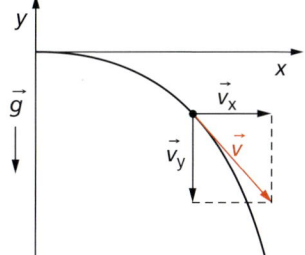

x und y sind die Ortskoordinaten des Körpers zum Zeitpunkt t. v_x und v_y sind die Geschwindigkeiten, a_x und a_y die Beschleunigungen bezüglich der x- bzw. y-Achsenrichtung, g der Betrag der Fallbeschleunigung.

Kreisbewegung

Konstante Winkelgeschwindigkeit ω (Kreisfrequenz)

$$\omega = \frac{\Delta\varphi}{\Delta t} = \frac{2\pi}{T}$$

$\Delta\varphi$ ist der in der Zeitdauer Δt überstrichene Winkel, T die Umlaufdauer.

Bahngeschwindigkeit v

$$v = r \cdot \omega$$

ω ist die Winkelgeschwindigkeit, r der Kreisradius.

Zentripetalkraft F_z

$$F_z = \frac{m \cdot v^2}{r} = m \cdot \omega^2 \cdot r$$

m ist die Masse des Körpers,
v seine Bahngeschwindigkeit,
r der Kreisradius,
ω die Winkelgeschwindigkeit.

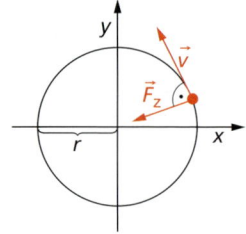

Bewegungsfunktionen einer Kreisbewegung mit konstanter Winkelgeschwindigkeit ω

$$x = r \cdot \cos(\omega \cdot t) \qquad\qquad y = r \cdot \sin(\omega \cdot t)$$
$$v_x = -r \cdot \omega \cdot \sin(\omega \cdot t) \qquad\qquad v_y = r \cdot \omega \cdot \cos(\omega \cdot t)$$
$$a_x = -r \cdot \omega^2 \cdot \cos(\omega \cdot t) \qquad\qquad a_y = -r \cdot \omega^2 \cdot \sin(\omega \cdot t)$$

x und y sind die Ortskoordinaten des Körpers zum Zeitpunkt t, falls der Körper sich zum Zeitpunkt $t = 0$ im Punkt $(r/0)$ befindet. v_x und v_y sind die Geschwindigkeiten, a_x und a_y die Beschleunigungen bezüglich der x- bzw. y-Achsenrichtung. r ist der Kreisradius, ω die konstante Winkelgeschwindigkeit.

Spezielle Relativitätstheorie

Im Weiteren bezeichnet c die Vakuumlichtgeschwindigkeit. S ist das Bezugssystem, in welchem der Beobachter ruht, S_0 ein Bezugssystem, das sich relativ zu S mit der konstanten Geschwindigkeit v bewegt.

Lorentzfaktor γ	$\gamma = \dfrac{1}{\sqrt{1 - \frac{v^2}{c^2}}}$

Relativistische Massenzunahme

$$m = \gamma \cdot m_0$$

m ist die Masse des Körpers, m_0 seine Ruhemasse.

Zeitdilatation

$$\Delta t = \gamma \cdot \Delta t_0$$

Δt_0 ist die Zeitdauer (Eigenzeit), in der ein Vorgang innerhalb des Systems S_0 an einem festen Ort abläuft. Δt ist die Zeitdauer, die der Beobachter von seinem Ruhesystem S aus für den Vorgang misst.

Längenkontraktion

$$l = \frac{l_0}{\gamma}$$

l_0 ist die Länge (Eigenlänge) eines im System S_0 ruhenden Stabes. l ist die Länge, die der Beobachter von seinem Ruhesystem S aus für den Stab misst, der sich in seiner Längsrichtung mit der Geschwindigkeit v relativ zu ihm bewegt.

Relativistische Energie E

$$E = m \cdot c^2 = E_0 + E_{\text{kin}}$$

$$E_{\text{kin}} = (m - m_0)\, c^2$$

m ist die Masse, m_0 die Ruhemasse, $E_0 = m_0 \cdot c^2$ die Ruheenergie, E_{kin} die kinetische Energie eines Körpers.

Relativistischer Impuls p

$$p = m \cdot v = \gamma \cdot m_0 \cdot v$$

m ist die Masse, m_0 die Ruhemasse, v die Geschwindigkeit eines Körpers.

Relativistische Energie-Impuls-Beziehung

$$E^2 = c^2 \cdot p^2 + E_0{}^2$$

E ist die relativistische Energie eines Körpers, p sein Impuls, $E_0 = m_0 \cdot c^2$ seine Ruheenergie.

Gravitation und Astrophysik

G bezeichnet im Weiteren die Gravitationskonstante.

Keplersche Gesetze

Die keplerschen Gesetze sowie die Formel für die Bahngeschwindigkeit gelten für jeden Himmelskörper im Gravitationsfeld eines Zentralkörpers, dessen Masse viel größer ist als die Masse des Himmelskörpers.

1. Keplersches Gesetz

Die Bahnen von Planeten sind Ellipsen, in deren einem Brennpunkt die Sonne steht.

2. Keplersches Gesetz

Die von der Sonne zum Planeten gezogene Strecke überstreicht in gleichen Zeitintervallen gleiche Flächeninhalte.

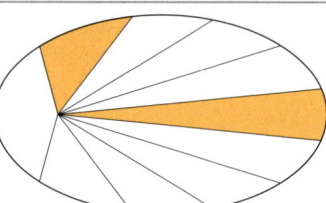

3. Keplersches Gesetz

Die Quadrate der Umlaufzeiten T_A und T_B zweier Planeten A und B verhalten sich wie die dritten Potenzen ihrer großen Halbachsen a_A und a_B.

$$\frac{T_A{}^2}{T_B{}^2} = \frac{a_A{}^3}{a_B{}^3}$$

Bahngeschwindigkeit *v* eines Körpers auf einer Keplerellipse

$$v = \sqrt{G \cdot M \left(\frac{2}{r} - \frac{1}{a} \right)}$$

M ist die Masse des Zentralkörpers, *r* der momentane Abstand vom Zentralkörper und *a* die große Halbachse der Bahnellipse.

Ellipsengleichungen

a ist die große und *b* die kleine Halbachse,
e die lineare Exzentrizität,
ε die numerische Exzentrizität der Ellipse.
F_1 und F_2 sind ihre beiden Brennpunkte.

Es gelten folgende Beziehungen:

$$e^2 = a^2 - b^2$$

$$\varepsilon = \frac{e}{a}$$

Für jeden Punkt *P* auf der Ellipse gilt:

$$\overline{F_1 P} + \overline{P F_2} = 2a$$

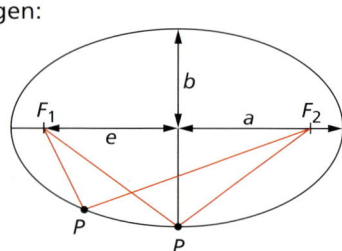

Gravitation

Newtonsches Gravitations-gesetz

$$F_G = G \frac{m_1 \cdot m_2}{r^2}$$

F_G ist die Gravitationskraft, mit der sich die zwei Massen m_1 und m_2 im Abstand r gegenseitig anziehen.

Zweikörperproblem

Bewegen sich zwei Himmelskörper auf elliptischen Bahnen mit den jeweiligen großen Halbachsen a_1 und a_2 um ihren gemeinsamem Schwerpunkt, so gilt:

$$\frac{T^2}{a^3} = \frac{4\pi^2}{G(m_1 + m_2)}$$

T ist die Umlaufdauer der Himmelskörper, $a = a_1 + a_2$ die große Halbachse der Ellipse, die ein Himmelskörper aus der Sicht des anderen Himmelskörpers durchläuft. Es gilt:

$$m_1 \cdot a_1 = m_2 \cdot a_2$$

m_1 und m_2 sind die jeweiligen Massen der Himmelskörper. Ist die Masse M des einen Himmelskörpers sehr viel größer als die des anderen, so gilt in guter Näherung:

$$\frac{T^2}{a^3} = \frac{4\pi^2}{G \cdot M}$$

T ist die Umlaufdauer, a die große Halbachse der Ellipse.

Kosmische Geschwindig-keiten

Ein Körper benötigt zur Umrundung eines Himmelskörpers vom Radius R auf einer Kreisbahn nahe dessen Oberfläche die **erste kosmische Geschwindigkeit v_1**.

$$v_1 = \sqrt{g \cdot R}$$

Ein Körper kann das Gravitationsfeld eines Himmelskörpers verlassen, wenn er an seiner Oberfläche eine Geschwindigkeit besitzt, die mindestens so groß ist wie die **zweite kosmische Geschwindigkeit v_2 (Fluchtgeschwindigkeit)**.

$$v_2 = \sqrt{2g \cdot R}$$

g ist die Fallbeschleunigung auf der Oberfläche des Himmelskörpers, R sein Radius.

Strahlungsgesetze

Konstante Strahlungs-leistung Φ einer Strahlungs-quelle

$$\Phi = \frac{\Delta Q}{\Delta t}$$

ΔQ ist die von einer Strahlungsquelle in der Zeitdauer Δt ausgesandte Strahlungsenergie.

Bestrahlungsstärke E im Abstand r von der Strahlungsquelle

$$E = \frac{\Phi}{4\pi \cdot r^2}$$

Φ ist die Strahlungsleistung eines in alle Richtungen gleich-mäßig strahlenden Körpers. Die Strahlungsleistung Φ eines Sterns nennt man Leuchtkraft L.
r ist der Abstand vom Körper bzw. der Abstand zwischen Stern und Beobachter.

Solarkonstante S

Die Bestrahlungsstärke der Sonne im Abstand 1 AE bezeich-net man als Solarkonstante S.

Masse-Leuchtkraft-Beziehung (Näherung)

$$L \sim M^3$$

L ist die Leuchtkraft eines Hauptreihensterns, M seine Masse.

Stefan-Boltzmann-Gesetz

$$\Phi = \sigma \cdot A \cdot T^4$$

Φ ist die von einem schwarzen Strahler der Fläche A und der Temperatur T ausgesandte Strahlungsleistung, σ die Stefan-Boltzmann-Konstante.

Wiensches Verschiebungs-gesetz

$$\lambda_m \cdot T = b$$

Ein schwarzer Strahler der Temperatur T strahlt ein kontinuierliches elektromagnetisches Spektrum aus. Dieses Spektrum hat bei λ_m sein einziges Maximum. b ist die wiensche Verschiebungskonstante.

Entfernung und Helligkeit

Trigonometrische Parallaxe
p in Bogensekunden

$$\frac{r}{1\,\text{pc}} = \frac{1''}{p}$$

r ist die Entfernung des Sterns in pc.

Umlaufzeiten

$$\frac{1}{T_{sid}} = \frac{1}{T_{Erde}} \pm \frac{1}{T_{syn}}$$

T_{sid} ist die siderische Umlaufzeit eines Planeten, T_{syn} seine synodische Umlaufzeit, $T_{Erde} = 365{,}256$ d die Umlaufzeit der Erde um die Sonne.
Für die unteren Planeten gilt das Pluszeichen, für die oberen das Minuszeichen.

Beziehung zwischen den scheinbaren Helligkeiten m_1 und m_2 zweier Sterne

$$m_1 - m_2 = -2{,}5 \cdot \lg\left(\frac{E_1}{E_2}\right)$$

E_1, E_2 sind die Bestrahlungsstärken der beiden Sterne.

Beziehung zwischen den absoluten Helligkeiten M_1 und M_2 zweier Sterne

$$M_1 - M_2 = -2{,}5 \cdot \lg\left(\frac{L_1}{L_2}\right)$$

L_1, L_2 sind die Leuchtkräfte der beiden Sterne.

Der Entfernungsmodul $m - M$ eines Sterns

$$m - M = 5 \cdot \lg\left(\frac{r}{10\,\text{pc}}\right)$$

r ist der Abstand zwischen Stern und Beobachter in pc.

Perioden-Helligkeits-Beziehung bei Cepheiden

$$M = -1{,}67 - 2{,}54 \cdot \lg\left(\frac{p}{1\,\text{d}}\right)$$

M ist die mittlere absolute Helligkeit, p ist die Periodendauer des δ-Cephei-Sterns in Tagen.

Hubble-Beziehung

$$v = H_0 \cdot r$$

v ist die Geschwindigkeit, mit der sich eine weit entfernte Galaxie radial entfernt, r ihre Entfernung, H_0 die Hubblekonstante.

Elektrizitätslehre

Stromstärke, Spannung, Widerstand

Konstante elektrische Stromstärke I

$$I = \frac{\Delta Q}{\Delta t}$$

ΔQ ist die im Zeitintervall Δt durch den Leiterquerschnitt fließende Ladung.
Falls die Stromstärke nicht konstant ist, gilt allgemein:

$$I = \dot{Q}$$

Elektrischer Widerstand R

$$R = \frac{U}{I}$$

U ist die am Widerstand anliegende Spannung, I die durch ihn fließende Stromstärke.

Ohmsches Gesetz

$$R = \frac{U}{I} = \text{konst.}$$

Für einen ohmschen Widerstand ist der Quotient aus anliegender Spannung und durch ihn fließende Stromstärke konstant.

Spezifischer Widerstand ϱ eines elektrischen Leiters

$$R = \varrho \cdot \frac{l}{A}$$

R ist der Widerstand, l die Länge des Leiters, A seine Querschnittsfläche.

Reihenschaltung von Widerständen

Ersatzwiderstand

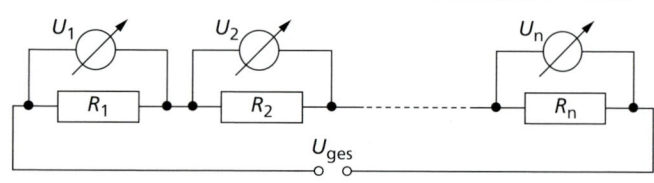

$$R_{ges} = R_1 + R_2 + \ldots + R_n$$

R_{ges} ist der Gesamtwiderstand,
$R_1, R_2, \ldots, R_n$ sind die Einzelwiderstände.

Einzelspannungen

$$U_{ges} = U_1 + U_2 + \ldots + U_n$$

U_{ges} ist die insgesamt anliegende Spannung,
$U_1, U_2, \ldots, U_n$ sind die an den Einzelwiderständen abfallenden Einzelspannungen.

Parallelschaltung von Widerständen

▪ **Ersatzwiderstand**

$$\frac{1}{R_{ges}} = \frac{1}{R_1} + \frac{1}{R_2} + \dots + \frac{1}{R_n}$$

R_{ges} ist der Gesamtwiderstand, $R_1, R_2, \dots, R_n$ sind die Einzelwiderstände.

Spezialfall für zwei Widerstände

$$R_{ges} = \frac{R_1 \cdot R_2}{R_1 + R_2}$$

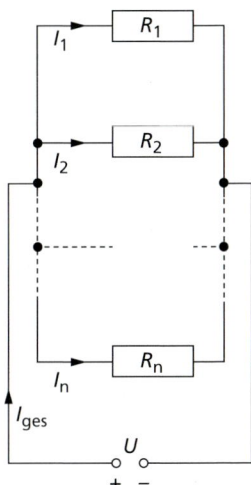

▪ **Einzelstromstärken**

$$I_{ges} = I_1 + I_2 + \dots + I_n$$

I_{ges} ist die Gesamtstromstärke, $I_1, I_2, \dots, I_n$ sind die durch die Einzelwiderstände fließenden Einzelstromstärken.

Elektrische Arbeit und Leistung

▪ **Elektrische Arbeit W_{el}**

Sind die an einem elektrischen Bauteil anliegende Spannung U und die durch ihn fließende Stromstärke I zeitlich konstant, so wird in der Zeitdauer Δt die elektrische Arbeit W_{el} verrichtet.

$$W_{el} = U \cdot I \cdot \Delta t$$

Sind die Spannung und/oder die Stromstärke nicht konstant, gilt allgemein für die zwischen den Zeitpunkten t_1 und t_2 verrichtete elektrische Arbeit:

$$W_{el} = \int_{t_1}^{t_2} U(t) \cdot I(t)\, dt$$

▪ **Elektrische Leistung P**

$$P = U \cdot I$$

U ist die an einem elektrischen Bauteil anliegende Spannung, I die durch das Bauteil fließende Stromstärke.

▪ **Effektivwerte der sinusförmigen Wechselspannung und Wechselstromstärke**

$$U_{eff} = \frac{U_0}{\sqrt{2}} \qquad\qquad I_{eff} = \frac{I_0}{\sqrt{2}}$$

U_0 ist der Scheitelwert der Wechselspannung, I_0 der Scheitelwert der Wechselstromstärke, U_{eff} der Effektivwert der Wechselspannung, I_{eff} der Effektivwert der Wechselstromstärke.

Statisches elektrisches Feld und Potenzial

Wird im Weiteren ein Plattenkondensator betrachtet, so ist dessen Plattendurchmesser groß gegenüber dem Plattenabstand.

▨ **Elektrischer Feldstärke-vektor $\vec{E}$**

$$\vec{F}_{el} = q \cdot \vec{E}$$

Auf eine punktförmige Ladung q wirkt in einem elektrischen Feld der Stärke E die Kraft F_{el}.
Die Richtung des elektrischen Feldes stimmt mit der Kraftrichtung auf eine positive Ladung überein.

▨ **Potenzial und Potenzial-differenz**

$$\varphi_2 - \varphi_1 = \frac{W_{12}}{q}$$

Wird an einer Ladung q beim Verschieben in einem elektrischen Feld auf dem Weg von einem Punkt P_1 zu einem Punkt P_2 die Arbeit W_{12} verrichtet, so durchläuft sie die Potenzialdifferenz $\varphi_2 - \varphi_1$.

▨ **Spannung U als Potenzial-differenz**

$$U = \varphi_2 - \varphi_1$$

Liegen zwei Punkte P_1 und P_2 auf den Potenzialen φ_1 bzw. φ_2, so herrscht zwischen ihnen die Spannung U.

▨ **Potenzielle Energie E_{pot} einer Ladung q**

$$E_{pot} = q \cdot (\varphi_2 - \varphi_1) = q \cdot U$$

Liegen zwei Punkte P_1 und P_2 auf den Potenzialen φ_1 bzw. φ_2, so besitzt eine Ladung q im Punkt P_2 bezüglich des Punktes P_1 die potenzielle Energie E_{pot}. U ist die Spannung zwischen den beiden Punkten.

▨ **Potenzial φ im Platten-kondensator**

Ist der Nullpunkt des Potenzials auf der negativ geladenen Platte festgelegt, so ist das Potenzial φ eines Punktes im Abstand x von der negativen Platte

$$\varphi = \frac{U}{d} \cdot x$$

U ist die am Kondensator anliegende Spannung, d der Plattenabstand.

▨ **Elektrische Feldstärke E im Plattenkondensator**

$$E = \frac{U}{d}$$

U ist die anliegende Spannung, d der Plattenabstand.
Die Feldlinien sind von der positiven zur negativen Platte gerichtet.

▨ **Coulomb-Gesetz**

$$F_{el} = \frac{1}{4\pi \cdot \varepsilon_0} \cdot \frac{|Q_1 \cdot Q_2|}{r^2}$$

F_{el} ist die elektrische Kraft, mit der sich zwei Ladungen Q_1 und Q_2 im Abstand r gegenseitig anziehen oder abstoßen, ε_0 die elektrische Feldkonstante.

Elektrische Feldstärke E einer punktförmigen Ladung Q im Vakuum	$E = \dfrac{1}{4\pi \cdot \varepsilon_0} \cdot \dfrac{|Q|}{r^2}$ r ist der Abstand von der Ladung Q, ε_0 die elektrische Feldkonstante. Bei positiver Ladung Q sind die Feldlinien radial nach außen gerichtet.
Potenzial φ einer punktförmigen Ladung Q im Vakuum	$\varphi = \dfrac{1}{4\pi \cdot \varepsilon_0} \cdot \dfrac{Q}{r}$ Q ist die Ladung, r der Abstand von der Ladung, ε_0 die elektrische Feldkonstante. Für $r \to \infty$ gilt: $\varphi \to 0$.
Kapazität C eines Kondensators	$C = \dfrac{Q}{U}$ Q ist die Ladung des Kondensators, U die anliegende Spannung.
Kapazität C eines Plattenkondensators	$C = \varepsilon_0 \cdot \varepsilon_r \cdot \dfrac{A}{d}$ A ist die Fläche einer Platte, d der Plattenabstand, ε_0 die elektrische Feldkonstante, ε_r die Permittivität des Dielektrikums im Kondensator. Im Vakuum ist $\varepsilon_r = 1$.
Energieinhalt E_{el} eines Plattenkondensators	$E_{el} = \dfrac{1}{2} C \cdot U^2$ C ist die Kapazität des Kondensators, U die anliegende Spannung, Q die Ladung des Kondensators.
Energiedichte e_{el} des elektrischen Feldes im Vakuum	$e_{el} = \dfrac{\varepsilon_0 \cdot E^2}{2}$ E ist die elektrische Feldstärke, ε_0 die elektrische Feldkonstante.

Laden und Entladen eines Kondensators über einen Widerstand R

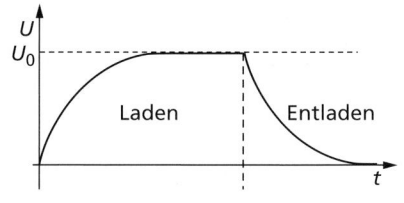 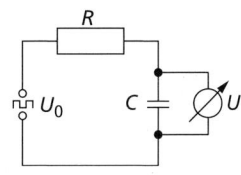

Laden

$$U(t) = U_0 \cdot \left(1 - e^{-\frac{t}{\tau}}\right)$$

Entladen

$$U(t) = U_0 \cdot e^{-\frac{t}{\tau}}$$

U_0 ist die Spannung der Quelle, U die am Kondensator anliegende Spannung zum Zeitpunkt t nach dem Ein- bzw. Ausschalten. Es gilt $\tau = R \cdot C$, R ist der ohmsche Widerstand, C die Kapazität des Kondensators.

Magnetisches Feld

■ **Magnetische Flussdichte $\vec{B}$**

$$F_{\text{mag}} = I \cdot l \cdot B$$

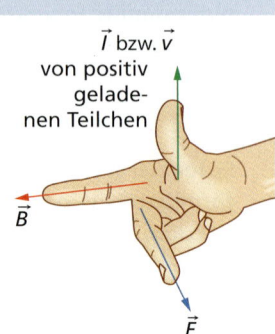

$\vec{I}$ bzw. $\vec{v}$
von positiv
gelade-
nen Teilchen

■ **Dreifingerregel der rechten Hand**

Auf ein vom Strom I durchflossenes Leiterstück der Länge l in einem Magnetfeld der Flussdichte B wirkt die Kraft F_{mag}, wenn Stromrichtung und Magnetfeldrichtung senkrecht aufeinander stehen. Die Kraftrichtung ergibt sich durch die Dreifingerregel der rechten Hand.

$\vec{B}$

$\vec{F}$

■ **Lorentzkraft $\vec{F}_{\text{L}}$**

$$F_{\text{L}} = |q| \cdot v \cdot B$$

Auf eine Ladung q, die sich mit der Geschwindigkeit v senkrecht zu den Feldlinien eines Magnetfelds der Flussdichte B bewegt, wirkt die Lorentzkraft F_{L}. Die Kraftrichtung ergibt sich für positiv geladene Teilchen durch die Dreifingerregel der rechten Hand. Die Kraftrichtung auf negative Ladungen ergibt sich durch die entsprechende Regel der linken Hand.

■ **Halleffekt**

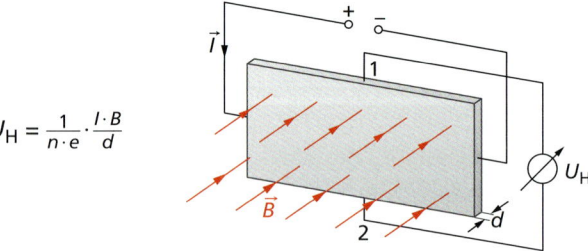

$$U_{\text{H}} = \frac{1}{n \cdot e} \cdot \frac{I \cdot B}{d}$$

Wird ein stromdurchflossenes Plättchen senkrecht zur Stromrichtung von den Feldlinien eines Magnetfelds durchsetzt, so stellt sich zwischen den Punkten 1 und 2 die Hallspannung U_{H} ein.
n ist die Ladungsträgerdichte im Plättchen, e die Elementarladung, I die Stromstärke, B die magnetische Flussdichte, d die Dicke des Plättchens.

■ **Magnetische Flussdichte B innerhalb einer langgestreckten Zylinderspule**

$$B = \mu_0 \cdot \mu_{\text{r}} \cdot \frac{N \cdot I}{l}$$

I ist die Stromstärke, N die Windungszahl, l die Länge der Spule, μ_0 die magnetische Feldkonstante, μ_{r} die Permeabilitätszahl des Mediums. Im Vakuum ist $\mu_{\text{r}} = 1$. Die Feldlinien verlaufen parallel zur Spulenachse. Die Länge der Spule muss groß gegenüber ihrem Durchmesser sein.

Magnetische Flussdichte B um einen unendlich langen, geraden, stromdurchflossenen Leiter im Vakuum	$B = \mu_0 \cdot \dfrac{I}{2\pi \cdot r}$ I ist die Stromstärke, r der Abstand vom Leiter, μ_0 die magnetische Feldkonstante. Die Feldlinien bilden konzentrische Kreise um den Leiter.
Induktivität L einer langgestreckten Zylinderspule	$L = \mu_0 \cdot \mu_r \cdot \dfrac{A \cdot N^2}{l}$ μ_0 ist die magnetische Feldkonstante, μ_r die Permeabilitätszahl des Mediums, A die Querschnittsfläche der Spule, N ihre Windungszahl, l ihre Länge. Im Vakuum ist $\mu_r = 1$. Die Länge der Spule muss groß gegenüber ihrem Durchmesser sein.
Energieinhalt E_{mag} des magnetischen Feldes einer Spule	$E_{mag} = \frac{1}{2} L \cdot I^2$ L ist die Induktivität der Spule, I die durch sie fließende Stromstärke.
Energiedichte e_{mag} des magnetischen Feldes im Vakuum	$e_{mag} = \dfrac{B^2}{2\mu_0}$ B ist die magnetische Flussdichte, μ_0 die magnetische Feldkonstante.

Induktion

Magnetischer Fluss Φ	$\Phi = B \cdot A$ B ist die magnetische Flussdichte, A die von den magnetischen Feldlinien senkrecht durchsetzte Fläche.
Induktionsspannung zwischen den Enden eines geraden, im Magnetfeld bewegten Leiterstücks	$\lvert U_i \rvert = B \cdot l \cdot v$ Ein gerades Leiterstück der Länge l wird mit konstanter Geschwindigkeit v durch ein homogenes Magnetfeld der Flussdichte B bewegt. Dabei stehen die Leiterachse, die Bewegungsrichtung und die Richtung der magnetischen Feldlinien paarweise aufeinander senkrecht. An den Enden des Leiters tritt die Induktionsspannung U_i auf.
Allgemeines Induktionsgesetz	$U_i = -N \cdot \dot{\Phi}$ U_i ist die in einer Leiterschleife mit N Windungen induzierte Spannung, Φ der magnetische Fluss durch die Leiterschleife.
Selbstinduktion	$U_i = -L \cdot \dot{I}$ U_i ist die induzierte Spannung, L die Induktivität der Spule, I die Stromstärke.

Transformator

$$\frac{U_p}{U_s} = \frac{N_p}{N_s}$$

U_p ist die primärseitige, U_s die sekundärseitige Spannung, N_p die primärseitige, N_s die sekundärseitige Windungszahl eines unbelasteten Transformators.

$$P_s = \eta \cdot P_p$$

P_p ist die primärseitige, P_s die sekundärseitige elektrische Leistung eines belasteten Transformators.
Beim idealen Transformator ist $\eta = 1$.

Schaltvorgänge bei einer realen Spule

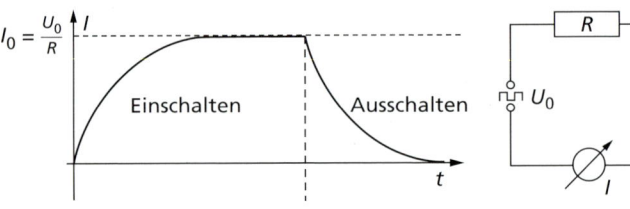

$$I_0 = \frac{U_0}{R}$$

Einschalten   Ausschalten

Einschalten

$$I(t) = I_0 \cdot \left(1 - e^{-\frac{t}{\tau}}\right)$$

Ausschalten

$$I(t) = I_0 \cdot e^{-\frac{t}{\tau}}$$

U_0 ist die Spannung der Quelle, I die Stromstärke zum Zeitpunkt t nach dem Ein- bzw. Ausschalten. Es gilt $\tau = \frac{L}{R}$, L ist die Induktivität der Spule und R ihr Widerstand.

Elektromagnetische Schwingungen

Ungedämpfter Schwingkreis

$$U = U_0 \cdot \sin(\omega \cdot t) \qquad Q = Q_0 \cdot \sin(\omega \cdot t) \qquad I = I_0 \cdot \cos(\omega \cdot t)$$

U ist die Spannung, Q die Ladung des Kondensators, I die Stromstärke jeweils zum Zeitpunkt t, falls die Stromstärke bei $t = 0$ maximal ist. U_0, Q_0, I_0 sind die Scheitelwerte, ω ist die Kreisfrequenz.
Die Funktion $Q(t)$ ist eine Lösung der Differentialgleichung

$$L\ddot{Q} + \frac{1}{C}Q = 0$$

L ist die Induktivität der Spule und C die Kapazität des Kondensators.

Thomsongleichung

$$f = \frac{1}{2\pi\sqrt{L \cdot C}}$$

f ist die Eigenfrequenz des ungedämpften Schwingkreises, L die Induktivität und C die Kapazität.

Optik, Schwingungen und Wellen, Akustik

Geometrische Optik

▨ **Reflexionsgesetz**

$$\alpha = \alpha'$$

α ist der Winkel des einfallenden Lichtstrahls gegenüber dem Einfallslot (Einfallswinkel), α' der des reflektierten Lichtstrahls (Reflexionswinkel).

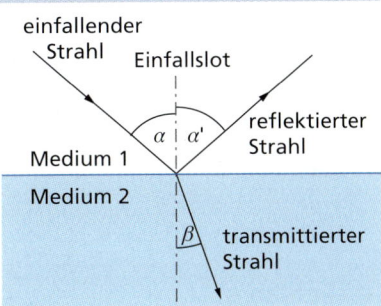

▨ **Snelliussches Brechungsgesetz**

$$n_1 \cdot \sin(\alpha) = n_2 \cdot \sin(\beta)$$

α ist der Winkel des einfallenden Lichtstrahls gegenüber dem Einfallslot,
β der des transmittierten Lichtstrahls,
n_1 und n_2 sind die Brechzahlen der optischen Medien.

Bei der Reflexion wie bei der Transmission liegen einfallender Lichtstrahl, Einfallslot, reflektierter Strahl und transmittierter Strahl in einer Ebene.

▨ **Lichtgeschwindigkeit c' in einem Medium**

$$c' = \frac{c}{n}$$

c ist die Vakuumlichtgeschwindigkeit, n die Brechzahl des Mediums.

▨ **Abbildungsgleichungen für dünne Linsen**

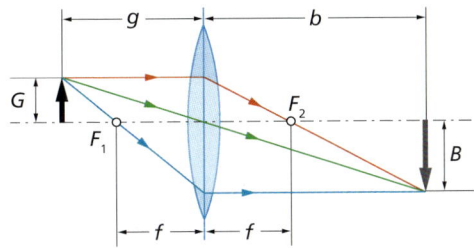

F_1 und F_2 sind die Brennpunkte der Linse, f ihre Brennweite. G ist die Größe des Gegenstands, g die Gegenstandsweite. B ist die Größe des Bildes, b die Bildweite.

1. Linsengleichung

$$\frac{G}{B} = \frac{g}{b}$$

2. Linsengleichung

$$\frac{1}{f} = \frac{1}{g} + \frac{1}{b}$$

Schwingungen

■ **Frequenz f einer Schwingung**

$$f = \frac{1}{T}$$

T ist die Schwingungsdauer.

■ **Kreisfrequenz ω einer Schwingung**

$$\omega = 2\pi \cdot f$$

f ist die Frequenz der Schwingung.

Wellenlehre

■ **Ausbreitungsgeschwindigkeit c einer harmonischen Welle**

$$c = \lambda \cdot f$$

f ist die Frequenz einer Welle, λ ihre Wellenlänge.

■ **Huygenssches Elementarwellenprinzip**

Jeder Punkt einer Wellenfront kann als Quelle einer Elementarwelle betrachtet werden.

■ **Interferenz von Wellen**

Im Punkt E herrscht maximaler Empfang, wenn für den Gangunterschied Δs gilt:

$$\Delta s = |s_2 - s_1| = k \cdot \lambda$$

$$k \in \mathbb{N}_0$$

Im Punkt E herrscht minimaler Empfang, wenn für den Gangunterschied Δs gilt:

$$\Delta s = |s_2 - s_1| = (2k - 1) \cdot \frac{\lambda}{2}$$

$$k \in \mathbb{N}$$

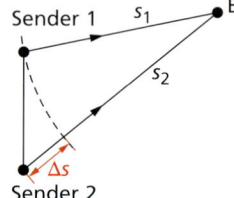

s_1 bzw. s_2 ist der Abstand zwischen E und dem Sender 1 bzw. dem Sender 2, λ die Wellenlänge, k gibt die Ordnung des Maximums bzw. des Minimums an. Die Sender sind phasengleich.

Interferenz von Wellen

Ist die Entfernung des Empfängers groß gegenüber dem Abstand b der Sender zueinander, so herrscht unter dem Winkel $\alpha_{Max,k}$ maximaler Empfang, wenn für den Gangunterschied Δs gilt:

$$\Delta s = b \cdot \sin(\alpha_{Max,k}) = k \cdot \lambda$$

$$k \in \mathbb{N}_0$$

Diese Beziehung gilt auch bei mehreren Sendern, die auf einer Geraden liegen und den Abstand b zueinander haben.

Unter dem Winkel $\alpha_{Min,k}$ herrscht minimaler Empfang, wenn für den Gangunterschied Δs gilt:

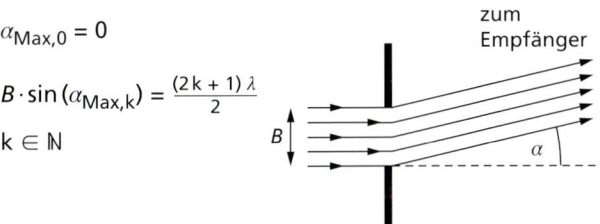

$$\Delta s = b \cdot \sin(\alpha_{Min,k}) = (2k - 1) \cdot \frac{\lambda}{2}$$

$$k \in \mathbb{N}$$

Δs ist der Gangunterschied vom Empfänger zu den Sendern, λ die Wellenlänge, k gibt die Ordnung des Maximums bzw. des Minimums an ($0 \leq \alpha \leq 90°$). Die Sender sind phasengleich.

Beugung und Interferenz am Einfachspalt und an einer kreisförmigen Lochblende

Ist die Entfernung des Empfängers sehr groß gegenüber der Breite B des Einfachspalts, so tritt ein Maximum k-ter Ordnung unter dem Winkel $\alpha_{Max,k}$ auf, für den gilt:

$$\alpha_{Max,0} = 0$$

$$B \cdot \sin(\alpha_{Max,k}) = \frac{(2k + 1)\lambda}{2}$$

$$k \in \mathbb{N}$$

Für den Winkel $\alpha_{Min,k}$ des Minimums k-ter Ordnung gilt:

$$B \cdot \sin(\alpha_{Min,k}) = k \cdot \lambda, \ k \in \mathbb{N}$$

λ ist die Wellenlänge der interferierenden Wellen. Es gilt $0 \leq \alpha \leq 90°$. Bei einer kreisförmigen Lochblende muss im Vergleich zum Einfachspalt ein Korrekturfaktor berücksichtigt werden. Für das Minimum 1. Ordnung gilt hier:

$$B \cdot \sin(\alpha_{Min,1}) = 1,22 \cdot \lambda$$

B ist der Durchmesser der Lochblende.

| Braggbeziehung | Bedingung für die Entstehung eines Braggreflexes unter einem Winkel von $2\,\alpha_k$ (Glanzwinkel α_k) gegenüber dem einfallenden Strahl: 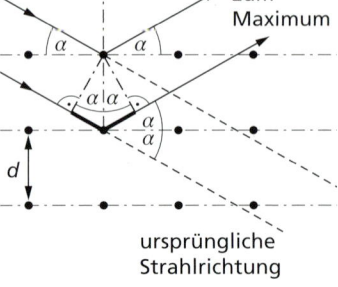 |

$$\Delta s = 2\,d \cdot \sin(\alpha_k) = k \cdot \lambda$$

$$k \in \mathbb{N}$$

Δs setzt sich aus zwei gleichlangen Teilstücken zusammen und ist der Gangunterschied zweier Wege zu benachbarten Netzebenen (fett markiert). λ ist die Wellenlänge, d der Netzebenenabstand, k gibt die Ordnung des Maximums an ($0 \leq \alpha \leq 90°$).

Stehende Wellen

Eine stehende Welle entsteht durch Überlagerung zweier gleichfrequenter, gegenläufiger Wellen gleicher Amplitude. Sie bildet Bäuche und Knoten aus, der Abstand zwischen zwei Knoten ist halb so groß wie die Wellenlänge.

Entsteht eine stehende Welle durch Reflexion und Interferenz zwischen den geschlossenen (festen) Enden eines Raumbereichs der Länge l, so kann sich eine Grundschwingung (k = 0) oder eine Oberschwingung k-ter Ordnung mit bestimmten Wellenlängen λ_k einstellen:

$$\lambda_k = \frac{2 \cdot l}{(k + 1)} \quad k \in \mathbb{N}_0$$

Longitudinaler Dopplereffekt (Näherungen)

$$|\Delta f| \approx f \cdot \frac{v}{c} \qquad\qquad |\Delta\lambda| \approx \lambda \cdot \frac{v}{c}$$

Δf ist die Frequenzänderung, $\Delta\lambda$ die Wellenlängenänderung bei einer Relativbewegung von Sender und Empfänger mit der Geschwindigkeit v.
c ist die Wellenausbreitungsgeschwindigkeit.

Bewegen sich Sender und Empfänger aufeinander zu, steigt die Frequenz, die Wellenlänge wird kleiner. Entfernen sich Sender und Empfänger voneinander, sinkt die Frequenz, die Wellenlänge wird größer. Beide Formeln sind Näherungen, gelten jedoch mit ausreichender Genauigkeit, wenn die Relativgeschwindigkeit von Sender und Empfänger klein im Vergleich zur Ausbreitungsgeschwindigkeit der Welle ist.

Kleinwinkelnäherung

Für kleine x gilt:

$$\sin(x) \approx \tan(x) \approx x$$

Akustik

Im Folgenden ist p_n der als konstant betrachtete Normaldruck in einem akustischen Medium.

■ **Schallgeschwindigkeit c**

$$c = \frac{1}{\sqrt{\kappa \cdot \varrho}}$$

ϱ ist die Dichte des akustischen Mediums, κ seine Kompressibilität. In Luft ist $\kappa = \frac{5}{7} \cdot \frac{1}{p_n}$.

■ **Schalldruck p**

$$p_{ges} = p_n + p \cdot \sin(\omega \cdot t)$$

Der Schalldruck p ist definiert als Scheitelwert der Druckschwankungen.

■ **Impedanz Z eines verlustfreien akustischen Mediums**

$$Z = \varrho \cdot c = \frac{p}{v}$$

ϱ ist die Dichte des Mediums, c die Schallgeschwindigkeit in diesem Medium, p der Schalldruck der Schallwelle, v der Scheitelwert der Teilchengeschwindigkeit.

■ **Intensität I einer Schallwelle in einem verlustfreien akustischen Medium**

$$I = \frac{p^2}{2\varrho \cdot c}$$

ϱ ist die Dichte des Mediums, c die Schallgeschwindigkeit in diesem Medium, p der Schalldruck der Schallwelle.

■ **Schalldruckpegel L_p (Angabe in dB)**

$$L_p = 20 \cdot \lg\left(\frac{p}{p_0}\right)$$

p ist der Schalldruck, $p_0 = 20$ μPa der festgelegte Schalldruck der Hörschwelle des Menschen bei 1 kHz.

Wärmelehre

◻ **Kelvin- und Celsiusskala**	$\frac{T}{K} = \frac{\vartheta}{°C} + 273{,}15$

T bezeichnet die Temperatur in der Kelvinskala, ϑ die in der Celsiusskala.

◻ **Zustandsgleichung des idealen Gases**

$$p \cdot V = N \cdot k \cdot T$$

bzw.

$$p \cdot V = n \cdot R \cdot T$$

p ist der Druck, N die Teilchenzahl, T die Temperatur des im Volumen V eingeschlossenen Gases.
n ist die Stoffmenge, k die Boltzmann-Konstante, R ist die allgemeine (universelle) Gaskonstante.

◻ **Volumenausdehnung ΔV von Flüssigkeiten**

$$\Delta V = \gamma \cdot V_0 \cdot \Delta T$$

γ ist der Volumenausdehnungskoeffizient, V_0 das Ausgangsvolumen der Flüssigkeit, ΔT die Temperaturänderung.

◻ **Längenausdehnung Δl von Festkörpern**

$$\Delta l = \alpha \cdot l_0 \cdot \Delta T$$

α ist der Längenausdehnungskoeffizient, l_0 die Ausgangslänge, ΔT die Temperaturänderung.

Hauptsätze der Wärmelehre

◻ **1. Hauptsatz der Wärmelehre**

$$\Delta E_i = Q + W$$

Die Änderung der inneren Energie ΔE_i eines Körpers/einer Flüssigkeit/eines Gases kann durch Zufuhr bzw. Abgabe von Wärme Q und/oder Arbeit W erfolgen.

◻ **2. Hauptsatz der Wärmelehre**

Wärme kann niemals von selbst von einem kälteren zu einem wärmeren Körper übergehen. Es gibt keine Maschine, die einzig und allein ein Wärmereservoir abkühlt und daraus elektrische oder mechanische Energie gewinnt (Nichtexistenz eines Perpetuum mobile 2. Art).

Innere Energie

▦ **Temperaturänderung ΔT und Änderung der inneren Energie ΔE_i bei unverändertem Aggretgatzustand**

$$\Delta E_i = c \cdot m \cdot \Delta T$$

m ist die Masse des Körpers/der Flüssigkeit/des Gases, c die spezifische Wärmekapazität.

▦ **Spezifische Schmelzwärme s und Änderung der inneren Energie ΔE_i**

$$\Delta E_i = m \cdot s$$

m ist die Masse des Körpers/der Flüssigkeit.

▦ **Spezifische Verdampfungswärme r und Änderung der inneren Energie ΔE_i**

$$\Delta E_i = m \cdot r$$

m ist die Masse der Flüssigkeit/des Gases.

▦ **Mittlere kinetische Teilchenenergie $\bar{E}_{kin}$ eines einatomigen idealen Gases**

$$\bar{E}_{kin} = \frac{3}{2} k \cdot T$$

T ist die Temperatur des Gases, k die Boltzmann-Konstante.

Atome, Kerne, Quanten

h bezeichnet im Weiteren das plancksche Wirkungsquantum, c die Vakuumlichtgeschwindigkeit.

Atomhülle

▪ **Photonenenergie E_{ph}**

$$E_{ph} = E_{n_2} - E_{n_1} \qquad n_1, n_2 \in \mathbb{N}$$

Beim Übergang eines Atoms von einem angeregten Zustand n_2 in einen Zustand n_1 geringerer Energie wird ein Photon der Energie E_{ph} ausgesandt.

▪ **Energiewerte E_n eines Teilchens im eindimensionalen Potenzialtopf mit unendlich hohen Wänden**

$$E_n = \frac{h^2}{8\,m \cdot l^2} \cdot n^2$$

$$n \in \mathbb{N}$$

m ist die Masse des Teilchens, l die Breite des Potenzialtopfs. Im Inneren des Topfs gilt $E_{pot} = 0$.

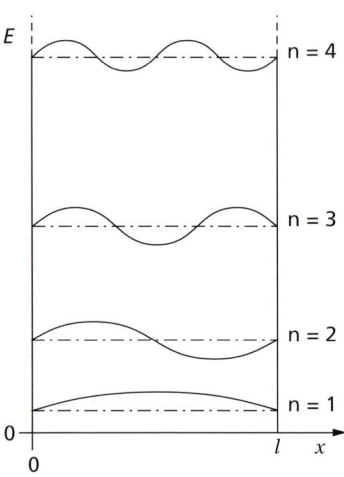

▪ **Diskrete Energieniveaus E_n im Wasserstoffatom**

$$E_n = -\frac{R_H \cdot h \cdot c}{n^2} \qquad n \in \mathbb{N}$$

R_H ist die Rydberg-Konstante für das Wasserstoffatom. Der Nullpunkt der potenziellen Energie ist im Unendlichen festgelegt.

▪ **Moseley-Gesetz für die K_α-Linie des Röntgenspektrums**

$$E_{K\alpha} = \frac{3\,R \cdot h \cdot c}{4}(Z - 1)^2$$

$E_{K\alpha}$ ist die Energie des Röntgenquants, das beim K_α-Übergang emittiert wird, R die Rydberg-Konstante, Z die Ordnungszahl des betrachteten Elements.

Atomkern

Natürliche Radioaktivität

α-Zerfall: $\quad {}^{A}_{Z}X \longrightarrow {}^{A-4}_{Z-2}Y^{2-} + {}^{4}_{2}He^{2+}$

β-Zerfall: $\quad {}^{A}_{Z}X \longrightarrow {}^{A}_{Z+1}Y^{+} + {}^{0}_{-1}e^{-} + {}^{0}_{0}\bar{\nu}$

γ-Zerfall: $\quad {}^{A}_{Z}X* \longrightarrow {}^{A}_{Z}X + {}^{0}_{0}\gamma$

X (bzw. X* beim γ-Zerfall) bezeichnet das Radionuklid,
Y (bzw. X beim γ-Zerfall) das Zerfallsprodukt.

Zerfallsgesetz

$$N = N_0 \cdot e^{-\lambda \cdot t} = N_0 \cdot \left(\frac{1}{2}\right)^{\frac{t}{T_{1/2}}}$$

N ist die Anzahl der zur Zeit t noch nicht zerfallenen Atome,
N_0 ihre ursprüngliche Anzahl zum Zeitpunkt $t = 0$,
λ die Zerfallskonstante und $T_{1/2}$ die Halbwertszeit.

Aktivität A

$$A = -\dot{N} = \lambda \cdot N$$

N ist die Anzahl der zur Zeit t noch nicht zerfallenen Atome,
λ die Zerfallskonstante.

Zusammenhang zwischen Halbwertszeit $T_{1/2}$ und Zerfallskonstante λ

$$T_{1/2} = \frac{\ln 2}{\lambda}$$

Absorptionsgesetz für γ-Strahlung

$$z = z_0 \cdot e^{-\mu \cdot d} = z_0 \cdot \left(\frac{1}{2}\right)^{\frac{d}{D_{1/2}}}$$

z ist die Zählrate, die hinter einem Absorber der Dicke d gemessen wird, z_0 die Zählrate am gleichen Ort ohne Absorber, μ der Schwächungskoeffizient und $D_{1/2}$ die Halbwertsdicke.

Abstandsgesetz

$$z = \frac{\text{konst.}}{r^2}$$

z ist die Zählrate im Abstand r von der Quelle, falls diese in alle Raumrichtungen gleichmäßig strahlt und keine Absorption stattfindet.

Bindungsenergie des Atoms E_b

$$m_a + \frac{E_b}{c^2} = Z \cdot m_e + Z \cdot m_p + N \cdot m_n$$

m_a ist die Atommasse, m_p die Protonenmasse, m_n die Neutronenmasse, m_e die Elektronenmasse.

Q-Wert bei Kernreaktionen

$$Q = (m_{vor} - m_{nach})c^2$$

m_{vor} ist die Summe aller Massen vor der Reaktion, m_{nach} die Summe aller Massen nach der Reaktion.

| **Kernradius r_K** (Näherungsformel) | $r_K \approx 1{,}4 \cdot 10^{-15}\,\text{m} \cdot \sqrt[3]{A}$ |

A ist die Massenzahl des betrachteten Atomkerns.

| **Energiedosis D** | $D = \dfrac{E}{m}$ |

E ist die von einem Körper der Masse m absorbierte Energie.

| **Äquivalentdosis H** | $H = q \cdot D$ |

q ist der Qualitätsfaktor (auch biologischer Bewertungs-faktor), D die Energiedosis.
Es gilt: $q = 20$ für α-Strahlung, $q = 5$ bis 20 für Neutronen, $q = 1$ für β-Strahlung, γ-Strahlung und Röntgenstrahlung.

Quanten

| **Energie E_{ph} eines Photons** | $E_{ph} = h \cdot f$ |

f ist die Frequenz des Photons.

| **Impuls p eines Photons** | $p = \dfrac{h \cdot f}{c} = \dfrac{h}{\lambda}$ |

f ist die Frequenz des Photons, λ die zugehörige Wellen-länge.

| **Einstein-Gleichung zur Deutung des Fotoeffekts** | $E_{kin,max} = h \cdot f - W$ |

$E_{kin,max}$ ist die maximale kinetische Energie des Fotoelektrons, f die Frequenz des eingestrahlten Lichts, W die Austrittsarbeit für das bestrahlte Material.

| **Röntgenbremsstrahlung** | $h \cdot f_g = e \cdot U$ |

f_g ist die Grenzfrequenz der Röntgenbremsstrahlung bei der Beschleunigungsspannung U, e die Elementarladung.

| **De Broglie-Wellenlänge λ eines Masseteilchens** | $\lambda = \dfrac{h}{p}$ |

p ist der Impuls des Teilchens.

| **Heisenbergsche Unschärfe-relation** | $\Delta p_x \cdot \Delta x \geq \dfrac{h}{4\pi}$ |

Δx ist die Ortsunschärfe, Δp_x die Impulsunschärfe des Teilchens in x-Richtung.

Chemie

Quantitative Aspekte

Avogadro-Konstante N_A und Stoffmenge n

$$N_A = \frac{N(X)}{n(X)}$$

$N(X)$ ist die Teilchenanzahl der Teilchen X,
$n(X)$ die Stoffmenge der Teilchen X.

Molare Masse M

$$M(X) = \frac{m(X)}{n(X)}$$

$M(X)$ ist die molare Masse der Teilchen X,
$m(X)$ die Masse der Teilchen X,
$n(X)$ die Stoffmenge der Teilchen X.

Molares Volumen V_m idealer Gase

$$V_m(\text{Gas}) = \frac{V(\text{Gas})}{n(\text{Gas})}$$

$V_m(\text{Gas})$ ist das molare Volumen der Gasteilchen,
$V(\text{Gas})$ das Volumen der Gasteilchen,
$n(\text{Gas})$ die Stoffmenge der Gasteilchen.

Unter Normbedingungen gilt:
$V_m(\text{Gas}) = V_{mn}(\text{Gas}) = 22{,}414 \; \text{l} \cdot \text{mol}^{-1}$.

Massenkonzentration β

$$\beta(X) = \frac{m(X)}{V(\Sigma)}$$

$\beta(X)$ ist die Massenkonzentration der Teilchen X,
$m(X)$ die Masse der Teilchen X,
$V(\Sigma)$ das Volumen der Lösung.

Massenanteil ω

$$\omega(X) = \frac{m(X)}{m(\text{Gem.})}$$

$\omega(X)$ ist der Massenanteil der Teilchen X,
$m(X)$ die Masse der Teilchen X,
$m(\text{Gem.})$ die Masse des Gemisches.

Stoffmengen-konzentration c

$$c(X) = \frac{n(X)}{V(\Sigma)}$$

$c(X)$ ist die Stoffmengenkonzentration der Teilchen X,
$n(X)$ die Stoffmenge der Teilchen X,
$V(\Sigma)$ das Volumen der Lösung.

Reaktionsgeschwindigkeit

**Mittlere Reaktions-
geschwindigkeit**

Für homogene Reaktionen (Reaktionen, die in einer Phase stattfinden) A $\longrightarrow$ Z gilt:

$$\bar{v} = -\frac{\Delta c(A)}{\Delta t} = +\frac{\Delta c(Z)}{\Delta t}$$

$\bar{v}$ ist die mittlere Reaktionsgeschwindigkeit innerhalb der Zeitspanne Δt, $\Delta c(X)$ ist die Änderung der Konzentration der Teilchen X innerhalb der Zeitspanne Δt.

Massenwirkungsgesetz

**Reaktionen, bei denen
keine Gase beteiligt sind**

Für die Reaktion $a\,A + b\,B \rightleftharpoons y\,Y + z\,Z$ gilt:

$$K_c = \frac{c^y(Y) \cdot c^z(Z)}{c^a(A) \cdot c^b(B)}$$

K_c ist die Gleichgewichtskonstante,
$c(X)$ die Stoffmengenkonzentration der Teilchen X.
Die Konzentration von Reaktionspartnern, die als Feststoff oder Flüssigkeit vorliegen, wird bei der Aufstellung des Massenwirkungsgesetzes nicht berücksichtigt.
K_c ist abhängig von der Temperatur.

Gasreaktionen

Für die reine Gasreaktion $a\,A + b\,B \rightleftharpoons y\,Y + z\,Z$ gilt:

$$K_p = \frac{p^y(Y) \cdot p^z(Z)}{p^a(A) \cdot p^b(B)}$$

K_p ist die Gleichgewichtskonstante, p der Partialdruck.
K_p ist abhängig von Temperatur und Druck.

Gibbs-Helmholtz-Gleichung

$$\Delta G = \Delta H - T \cdot \Delta S$$

ΔG ist die Änderung der freien Gibbs'schen Enthalpie,
ΔH ist die Änderung der Reaktionsenthalpie,
T ist die absolute Temperatur,
ΔS ist die Änderung der Entropie.

Säure-Base-Gleichgewichte

Ionenprodukt des Wassers
K_W

$$K_W = c(H_3O^+) \cdot c(OH^-)$$

($= 10^{-14}$ mol$^2 \cdot$ l^{-2} bei $T = 298,15$ K bzw. 25 °C)

K_W ist das Ionenprodukt des Wassers, c die Stoffmengen-konzentration.

$$pK_W = -\lg \{K_W\}$$

($= 14$ bei $T = 298,15$ K bzw. 25 °C)

Der pK_W-Wert ist der negative dekadische Logarithmus der Maßzahl von K_W in mol$^2 \cdot$ l^{-2}.

Säurekonstante K_S und Säureexponent pK_S

Für HA + H_2O $\rightleftharpoons$ A$^-$ + H_3O^+ gilt:

$$K_S = \frac{c(H_3O^+) \cdot c(A^-)}{c(HA)}$$

$$pK_S = -\lg \{K_S\}$$

Der pK_S-Wert ist der negative dekadische Logarithmus der Maßzahl der Säurekonstanten K_S in der Einheit mol $\cdot$ l^{-1}.

Basekonstante K_B und Baseexponent pK_B

Für H_2O + B $\rightleftharpoons$ OH$^-$ + HB$^+$ gilt:

$$K_B = \frac{c(OH^-) \cdot c(HB^+)}{c(B)}$$

$$pK_B = -\lg \{K_B\}$$

Der pK_B-Wert ist der negative dekadische Logarithmus der Maßzahl der Basekonstanten K_B in der Einheit mol $\cdot$ l^{-1}.

Für korrespondierende Säure-Base-Paare gilt:

$$K_W = K_S \cdot K_B$$

$$pK_W = pK_S + pK_B$$

---

pH-Wert

$$pH = -\lg \{c(H_3O^+)\}$$

$\{c(H_3O^+)\}$ ist die Maßzahl der Oxoniumionen-Konzentration in der Einheit mol $\cdot$ l^{-1}.

---

pOH-Wert

$$pOH = -\lg \{c(OH^-)\}$$

$\{c(OH^-)\}$ ist die Maßzahl der Hydroxidionen-Konzentration in der Einheit $mol \cdot l^{-1}$.

Es gilt:

$$pK_W = pH + pOH$$

Näherungsformeln zur Berechnung des pH-Werts

Starke Säuren HA:

$$pH = -\lg \{c_0(HA)\}$$

$c_0(HA)$ ist die Anfangskonzentration der Säure HA vor ihrer Dissoziation.

Schwache Säuren HA:

$$pH = \frac{1}{2}(pK_S - \lg\{c_0(HA)\})$$

$c_0(HA)$ ist die Anfangskonzentration der Säure HA vor ihrer Dissoziation.

Henderson-Hasselbalch-Gleichung:

pH-Wert von Pufferlösungen einer schwacher Säure HA und ihrer korrespondierenden Base A^-:

$$pH = pK_S + \lg \left\{ \frac{c_0(A^-)}{c_0(HA)} \right\}$$

Damit gilt am Halbtitrationspunkt einer schwachen Säure:

$$pH = pK_S$$

Redox-Gleichgewichte

Leerlaufspannung eines galvanischen Elements

$$U_L = \Delta E = E_K - E_A$$

(= $\Delta E^0 = E_K^0 - E_A^0$ bei $T = 298,15$ K bzw. 25 °C sowie einer Konzentration [streng genommen einer Aktivität] von $1\,mol \cdot l^{-1}$ aller gelösten Stoffe bzw. einem Druck von $p = 1,013 \cdot 10^5$ Pa aller beteiligten Gase)

U_L ist die Leerlaufspannung, ΔE ist die Potenzialdifferenz, E_K das Redoxpotenzial der Kathoden-Halbzelle, E_A das Redoxpotenzial der Anoden-Halbzelle (bei stromloser Messung), ΔE^0 ist die Standard-Potenzialdifferenz, E_K^0 das Standard-Redoxpotenzial der Kathoden-Halbzelle, E_A^0 das Standard-Redoxpotenzial der Anoden-Halbzelle (bei stromloser Messung).

Nernstsche Gleichung

Für die Halbzelle $a\,A + b\,B \rightleftharpoons y\,Y + z\,Z + n\,e^-$ gilt:

$$E(Red/Ox) = E^0(Red/Ox) + \frac{R \cdot T}{n \cdot F} \cdot \ln\left\{\frac{c^y(Y) \cdot c^z(Z)}{c^a(A) \cdot c^b(B)}\right\}$$

E^0 ist das Standardpotenzial der Halbzelle (*Red* ist die reduzierte Form, *Ox* die oxidierte Form der reduzierenden/oxidierenden Teilchen), *n* die Zahl der abgegebenen oder aufgenommenen Elektronen, *R* die allgemeine Gaskonstante, *T* die Temperatur in K, *F* die Faraday-Konstante, *c*(X) die Konzentration der Teilchen X (streng genommen die Aktivität).

Bei $T = 298,15$ K bzw. 25 °C gilt:

$$E(Red/Ox) = E^0(Red/Ox) + \frac{0,059\,V}{n} \cdot \lg\left\{\frac{c^y(Y) \cdot c^z(Z)}{c^a(A) \cdot c^b(B)}\right\}$$

Definition der SI-Einheiten

Basisgrößen und Basiseinheiten des Internationalen Einheitensystems (SI-System)			
Basisgröße	Name der Einheit	Zeichen	Definition
Länge	Meter	m	Das Meter ist die Länge der Strecke, die Licht im Vakuum während der Dauer von 1/299 792 458 Sekunden durchläuft.
Masse	Kilogramm	kg	Das Kilogramm ist gleich der Masse des internationalen Kilogrammprototyps.
Zeit	Sekunde	s	Die Sekunde ist das 9 192 631 770-Fache der Periodendauer der dem Übergang zwischen den beiden Hyperfeinstruktur-niveaus des Grundzustandes von Atomen des Nuklids Cs-133 (Caesium) entsprechenden Strahlung.
Stromstärke	Ampere	A	Das Ampere ist die Stärke eines konstanten elektrischen Stroms, der durch zwei parallele, geradlinige, unendlich lange und im Vakuum im Abstand von einem Meter voneinander angeordnete Leiter von vernachlässigbar kleinem, kreisförmigem Querschnitt fließend, zwischen diesen Leitern je einem Meter Leiterlänge die Kraft von $2 \cdot 10^{-7}$ Newton hervorrufen würde.
Thermodynamische Temperatur	Kelvin	K	Das Kelvin ist der 273,16-te Teil der thermodynamischen Temperatur des Tripelpunktes des Wassers.
Stoffmenge	Mol	mol	Das Mol ist die Stoffmenge eines Systems, das aus ebensoviel Einzelteilchen besteht, wie Atome in 0,012 Kilogramm des Kohlenstoffnuklids ^{12}C enthalten sind.
Lichtstärke	Candela	cd	Die Candela ist die Lichtstärke in einer bestimmten Richtung einer Strahlungsquelle, die monochromatische Strahlung der Frequenz $540 \cdot 10^{12}$ Hertz aussendet und deren Strahlstärke in dieser Richtung 1/683 Watt durch ein Steradiant beträgt.

Größen aus der Physik und der Chemie

Wichtige Konstanten aus der Physik und der Chemie	
Allgemeine (universelle) Gaskonstante	$R = k \cdot N_A = 8{,}3145 \ \text{J} \cdot \text{mol}^{-1} \cdot \text{K}^{-1}$
Atomare Masseneinheit	$1 \ u = 1{,}66054 \cdot 10^{-27} \ \text{kg}$
Avogadro-Konstante	$N_A = 6{,}0221 \cdot 10^{23} \ \text{mol}^{-1}$
Boltzmann-Konstante	$k = 1{,}3807 \cdot 10^{-23} \ \text{J} \cdot \text{K}^{-1}$
Molares Volumen idealer Gase	$V_{mn} = 22{,}414 \ \text{l} \cdot \text{mol}^{-1}$ (bei 0 °C und 1013 hPa)
Elementarladung	$e = 1{,}6022 \cdot 10^{-19} \ \text{As}$
Faraday-Konstante	$F = e \cdot N_A = 9{,}6485 \cdot 10^4 \ \text{As} \cdot \text{mol}^{-1}$
Magnetische Feldkonstante	$\mu_0 = 4\pi \cdot 10^{-7} \ \text{Vs} \cdot \text{A}^{-1} \cdot \text{m}^{-1}$
Elektrische Feldkonstante	$\varepsilon_0 = \dfrac{1}{\mu_0 \cdot c^2} = 8{,}85418782 \cdot 10^{-12} \ \text{As} \cdot \text{V}^{-1} \cdot \text{m}^{-1}$
Lichtgeschwindigkeit im Vakuum	$c = 2{,}99792458 \cdot 10^8 \ \text{m} \cdot \text{s}^{-1}$
Gravitationskonstante	$G = 6{,}6738 \cdot 10^{-11} \ \text{m}^3 \cdot \text{kg}^{-1} \cdot \text{s}^{-2}$
Fallbeschleunigung	$g = 9{,}81 \ \text{m} \cdot \text{s}^{-2}$ (Mitteleuropa) $g = 9{,}78 \ \text{m} \cdot \text{s}^{-2}$ (Äquator) $g = 9{,}83 \ \text{m} \cdot \text{s}^{-2}$ (Polnähe)
Hubble-Konstante	$H_0 = 74 \ \text{km} \cdot \text{s}^{-1} \cdot \text{Mpc}^{-1}$
Planck-Konstante	$h = 6{,}6261 \cdot 10^{-34} \ \text{J} \cdot \text{s} = 4{,}1357 \cdot 10^{-15} \ \text{eV} \cdot \text{s}$
Rydberg-Konstante	$R_H = 1{,}096776 \cdot 10^7 \ \text{m}^{-1}$ (Wasserstoffatom) $R_\infty = 1{,}097373 \cdot 10^7 \ \text{m}^{-1}$ (Kernmasse unendlich)
Stefan-Boltzmann-Konstante	$\sigma = 5{,}6704 \cdot 10^{-8} \ \text{W} \cdot \text{m}^{-2} \cdot \text{K}^{-4}$
Wiensche Verschiebungskonstante	$b = 2{,}8978 \cdot 10^{-3} \ \text{m} \cdot \text{K}$
Solarkonstante	$S = 1{,}367 \ \text{kW} \cdot \text{m}^{-2}$

Eigenschaften ausgewählter Teilchen		
Elektron	Ruhemasse Ruheenergie Ladung	$9{,}10938 \cdot 10^{-31}$ kg = $5{,}4858 \cdot 10^{-4}$ u 511 keV $-1e$
Proton	Ruhemasse Ruheenergie Ladung Quarkzusammensetzung	$1{,}67262 \cdot 10^{-27}$ kg = $1{,}007276$ u 938,27 MeV $+1e$ uud
Neutron	Ruhemasse Ruheenergie Ladung Quarkzusammensetzung	$1{,}67493 \cdot 10^{-27}$ kg = $1{,}008665$ u 939,57 MeV 0 udd
α-Teilchen	Ruhemasse Ruheenergie Ladung	$6{,}64466 \cdot 10^{-27}$ kg = $4{,}001506$ u 3727,38 MeV $+2e$

Konstanten und Tabellen

Weitere wichtige physikalische Größen und ihre Einheiten					
Größe	Buch-staben-symbol	SI-Einheit	Größe	Buch-staben-symbol	SI-Einheit
Kraft	F	$1\,\text{N} = 1\,\frac{\text{kg} \cdot \text{m}}{\text{s}^2}$	elektrischer Widerstand	R	$1\,\Omega = 1\,\frac{\text{V}}{\text{A}}$
Druck	p	$1\,\text{Pa} = 1\,\frac{\text{N}}{\text{m}^2}$	Induktivität	L	$1\,\text{H} = 1\,\frac{\text{V} \cdot \text{s}}{\text{A}}$
Energie	E	$1\,\text{J} = 1\,\frac{\text{kg} \cdot \text{m}^2}{\text{s}^2} = 1\,\text{Nm}$	magnetische Flussdichte	B	$1\,\text{T} = 1\,\frac{\text{Wb}}{\text{m}^2} = 1\,\frac{\text{V} \cdot \text{s}}{\text{m}^2}$
Leistung	P	$1\,\text{W} = 1\,\frac{\text{kg} \cdot \text{m}^2}{\text{s}^3}$	Kapazität	C	$1\,\text{F} = 1\,\frac{\text{C}}{\text{V}} = 1\,\frac{\text{A} \cdot \text{s}}{\text{V}}$
Frequenz	f	$1\,\text{Hz} = 1\,\text{s}^{-1}$	Aktivität	A	$1\,\text{Bq} = 1\,\text{s}^{-1}$
Spannung	U	$1\,\text{V} = 1\,\frac{\text{J}}{\text{C}}$	Energiedosis	D	$1\,\text{Gy} = 1\,\frac{\text{J}}{\text{kg}}$
Ladung	Q	$1\,\text{C} = 1\,\text{As}$	Äquivalent-dosis	H	$1\,\text{Sv} = 1\,\frac{\text{J}}{\text{kg}}$

Umrechnung von Einheiten ausgewählter Größen

Zeit   (SI-Einheit: 1 s)

	s	min	h	d	a
s	1	$\frac{1}{60}$	$\frac{1}{3600}$	$\frac{1}{86400}$	$\frac{1}{31556952}$
min	60	1	$\frac{1}{60}$	$\frac{1}{1440}$	$\frac{1}{525949}$
h	3600	60	1	$\frac{1}{24}$	$\frac{1}{8766}$
d	86400	1440	24	1	$\frac{1}{365,2425}$
a	31556952	525949	8766	365,2425	1

Länge   (SI-Einheit: 1 m)

	km	AE	Lj	pc
km	1	$6,6846 \cdot 10^{-9}$	$1,0570 \cdot 10^{-13}$	$3,2408 \cdot 10^{-14}$
AE	$1,4960 \cdot 10^{8}$	1	$1,5813 \cdot 10^{-5}$	$4,8481 \cdot 10^{-6}$
Lj	$9,4607 \cdot 10^{12}$	$6,3240 \cdot 10^{4}$	1	0,3066
pc	$3,0857 \cdot 10^{13}$	$2,0626 \cdot 10^{5}$	3,2616	1

$1 \text{ Å} = 10^{-10} \text{ m}$

Masse   (SI-Einheit: 1 kg)

$1\, u = \frac{1}{12}\, m\, (^{12}C) = 1,66054 \cdot 10^{-27} \text{ kg}$ $1 \text{ t} = 1000 \text{ kg}$

Geschwindigkeit   (SI-Einheit: $1 \text{ m} \cdot \text{s}^{-1}$)

$1 \text{ m} \cdot \text{s}^{-1} = 3,6 \text{ km} \cdot \text{h}^{-1}$

Druck   (SI-Einheit: 1 Pa)

$1 \text{ Pa} = 1 \text{ N} \cdot \text{m}^{-2}$ $1 \text{ bar} = 10^{5} \text{ N} \cdot \text{m}^{-2}$

Energie   (SI-Einheit: 1 J)

	J	eV	$u \cdot c^2$
J	1	$6,2415 \cdot 10^{18}$	$6,7005 \cdot 10^{9}$
eV	$1,6022 \cdot 10^{-19}$	1	$1,0735 \cdot 10^{-9}$
$u \cdot c^2$	$1,4924 \cdot 10^{-10}$	$931,49 \cdot 10^{6}$	1

$1 \text{ kcal} = 4,19 \text{ kJ}$

$1 \text{ kWh} = 3,6 \cdot 10^{6} \text{ J}$

Vorsätze zur Bezeichnung von Zehnerpotenzen

Vorsatz		Bedeutung	Faktor	Vorsatz		Bedeutung	Faktor
Exa	E	Trillion	10^{18}	Dezi	d	Zehntel	10^{-1}
Peta	P	Billiarde	10^{15}	Zenti	c	Hundertstel	10^{-2}
Tera	T	Billion	10^{12}	Milli	m	Tausendstel	10^{-3}
Giga	G	Milliarde	10^{9}	Mikro	μ	Millionstel	10^{-6}
Mega	M	Million	10^{6}	Nano	n	Milliardstel	10^{-9}
Kilo	k	Tausend	10^{3}	Pico	p	Billionstel	10^{-12}
Hekto	h	Hundert	10^{2}	Femto	f	Billiardstel	10^{-15}
Deka	da	Zehn	10^{1}	Atto	a	Trilliardstel	10^{-18}

Griechisches Alphabet

Buchstabe	Name	Buchstabe	Name	Buchstabe	Name
A, α	Alpha	I, ι	Jota	P, ϱ	Rho
B, β	Beta	K, κ	Kappa	Σ, σ, ς	Sigma
Γ, γ	Gamma	Λ, λ	Lambda	T, τ	Tau
Δ, δ	Delta	M, μ	My	Y, υ	Ypsilon
E, ε	Epsilon	N, ν	Ny	Φ, φ	Phi
Z, ζ	Zeta	Ξ, ξ	Xi	X, χ	Chi
H, η	Eta	O, o	Omikron	Ψ, ψ	Psi
Θ, θ, ϑ	Theta	Π, π	Pi	Ω, ω	Omega

Daten der Himmelskörper im Sonnensystem

Daten der Sonne

Masse	$1{,}989 \cdot 10^{30}$ kg	Leuchtkraft	$3{,}846 \cdot 10^{26}$ W
Mittlerer Radius	$6{,}957 \cdot 10^{5}$ km	Solarkonstante	$1{,}367$ kW$\cdot$m^{-2}
Mittlere Dichte	$1{,}4$ g$\cdot$cm^{-3}	Absolute Helligkeit	$4{,}83$
Rotationsdauer am Äquator	25 d	Scheinbare Helligkeit	$-26{,}74$
Oberflächentemperatur	$5{,}8 \cdot 10^{3}$ K	Fallbeschleunigung an der Oberfläche	274 m$\cdot$s^{-2}

Daten der Erde

Große Halbachse	$1{,}4960 \cdot 10^{8}$ km $= 1$ AE	Mittlere Dichte	$5{,}5$ g$\cdot$cm^{-3}
Umlaufzeit	$365{,}256$ d	Fallbeschleunigung an der Oberfläche (Mitteleuropa)	$9{,}81$ m$\cdot$s^{-2}
Numerische Exzentrizität der Bahn	$0{,}017$	Neigung der Rotationsachse gegen die Bahnebene	$23{,}44°$
Masse	$5{,}974 \cdot 10^{24}$ kg	Siderische Rotationsdauer	$23{,}9345$ h
Mittlerer Radius	$6{,}371 \cdot 10^{3}$ km		

Daten des Erdmondes

Große Halbachse	$3{,}844 \cdot 10^{5}$ km	Mittlerer Radius	1737 km
Siderische Umlaufzeit	$27{,}32$ d	Mittlere Dichte	$3{,}3$ g$\cdot$cm^{-3}
Synodische Umlaufzeit	$29{,}53$ d	Fallbeschleunigung an der Oberfläche	$1{,}62$ m$\cdot$s^{-2}
Numerische Exzentrizität der Bahn	$0{,}055$	Neigung der Rotationsachse gegen die Bahnebene	$6{,}68°$
Bahnneigung gegen die Ekliptik	$5{,}1°$	Siderische Rotationsdauer	$27{,}32$ d
Masse	$7{,}349 \cdot 10^{22}$ kg		

Daten der Planeten

	Merkur	Venus	Erde	Mars	Jupiter	Saturn	Uranus	Neptun
Große Halbachse in AE	0,387	0,723	1	1,52	5,20	9,58	19,2	30,1
Numerische Exzentrizität der Bahn	0,21	0,0067	0,017	0,094	0,049	0,057	0,046	0,011
Bahnneigung gegen die Ekliptik	7,0°	3,4°	0	1,9°	1,3°	2,5°	0,77°	1,8°
Siderische Umlaufzeit in a	0,2408	0,6152	1	1,881	11,86	29,46	84,01	164,8
Masse in Erdmassen	0,0553	0,815	1	0,107	318	95,2	14,5	17,1
Mittlerer Radius in 10^3 km	2,44	6,05	6,371	3,39	69,9	58,2	25,4	24,6
Mittlere Dichte in $g \cdot cm^{-3}$	5,4	5,2	5,5	3,9	1,3	0,69	1,3	1,6
Fallbeschleunigung an der Oberfläche in $m \cdot s^{-2}$	3,7	8,9	9,8	3,7	24,8	10,4	8,9	11,2
Neigung der Rotationsachse gegen die Bahnebene	0,010°	177,4°	23,44°	25,2°	3,1°	26,7°	97,8°	28,3°
Neigung der Bahnebene zur Ekliptik	7,0°	3,4°	0	1,9°	1,3°	2,5°	0,77°	1,8°
Siderische Rotationsdauer (ggf. am Äquator) in h	1407,6	5832,5	23,9345	24,62	9,93	10,66	17,24	16,11

Dichte von festen Stoffen		bei 20 °C und 1013 hPa	
Stoff	ϱ in g·cm^{-3}	**Stoff**	ϱ in g·cm^{-3}
Aluminium	2,70	Konstantan	8,8
Antimon	6,69	Kork	0,2 ... 0,3
Anthrazit	1,3 ... 1,5	Kupfer	8,96
Barium	3,50	Lanthan	6,16
Basalt	2,6 ... 3,3	Lithium	0,53
Bernstein	1,0 ... 1,1	Magnesium	1,75
Beton	1,8 ... 2,4	Mangan	7,43
Blei	11,35	Marmor	2,6 ... 2,8
Cadmium	8,65	Messing (30 % Zn)	8,5
Caesium	1,90	Natrium	0,97
Cobalt	8,90	Nickel	8,90
Germanium	5,32	Osmium	22,48
Diamant	3,51	Papier	0,7 ... 1,2
Eis (bei 0° C)	0,92	Platin	21,45
Eisen	7,86	Polypropylenfolie	0,91
Elfenbein	1,8 ... 1,9	Porzellan	2,2 ... 2,5
Glas (Fensterglas)	2,4 ... 2,7	Schnee (pulvrig)	0,1
Gold	19,32	Silber	10,50
Granit	2,6 ... 3,0	Silicium	2,33
Gummi	0,9 ... 1,2	Stahl	7,85
Holz (lufttrocken) ▪ Buche ▪ Eiche ▪ Fichte	 0,68 0,65 0,43	Styropor	0,03
		Uran	19,16
Kochsalz (kristall.)	2,17	Zement	3,1 ... 3,2
Kochsalz (Schüttdichte)	1,2 ... 1,3	Ziegel	1,2 ... 1,9
		Zink	7,13
		Zinn	7,29

Dichte von Flüssigkeiten — bei 20 °C und 1013 hPa

Stoff	ϱ in g·cm^{-3}	Stoff	ϱ in g·cm^{-3}
Aceton (Propanon)	0,79	Salpetersäure	
Benzin	0,70 … 0,78	▪ 50 % ▪ 65 %	1,31 1,40
Benzol (Benzen)	0,87	Salzsäure 37 %	1,18
Dieselkraftstoff	0,84 … 0,88	schweres Wasser	1,10
Eis (bei 0 °C)	0,92	Spiritus (Ethanol 96 %)	0,83
Erdöl	0,73 … 0,94	Transformatorenöl	0,87
Methanol	0,79	Wasser	
Quecksilber	13,53	▪ destilliert ▪ Meerwasser	1,00 1,02

Dichte von Gasen — bei 0 °C und 1013 hPa

Stoff	ϱ in kg·m^{-3}	Stoff	ϱ in kg·m^{-3}
Ammoniak	0,77	Methan	0,72
Argon	1,78	Ozon	2,14
Chlor	3,21	Propan	2,02
Erdgas (trocken)	≈ 0,7	Sauerstoff	1,43
Helium	0,18	Stickstoff	1,25
Kohlenstoffdioxid	1,98	Wasserdampf (100%)	0,61 (bei 100 °C)
Kohlenstoffmonooxid	1,25	Wasserstoff	0,09
Luft (trocken)	1,29	Xenon	5,90

Dichte von Wasser in Abhängigkeit von der Temperatur					bei 1 013 hPa
Temperatur in °C	ϱ in g·cm^{-3}	Temperatur in °C	ϱ in g·cm^{-3}	Temperatur in °C	ϱ in g·cm^{-3}
0	0,999 84	11	0,999 60	50	0,988 03
1	0,999 90	12	0,999 50	55	0,985 69
2	0,999 94	13	0,999 38	60	0,983 19
3	0,999 96	14	0,999 24	65	0,980 55
4	0,999 97	15	0,999 10	70	0,977 76
5	0,999 96	20	0,998 20	75	0,974 84
6	0,999 94	25	0,997 04	80	0,971 79
7	0,999 90	30	0,995 64	85	0,968 61
8	0,999 85	35	0,994 03	90	0,965 30
9	0,999 78	40	0,992 01	95	0,961 88
10	0,999 70	45	0,990 21		

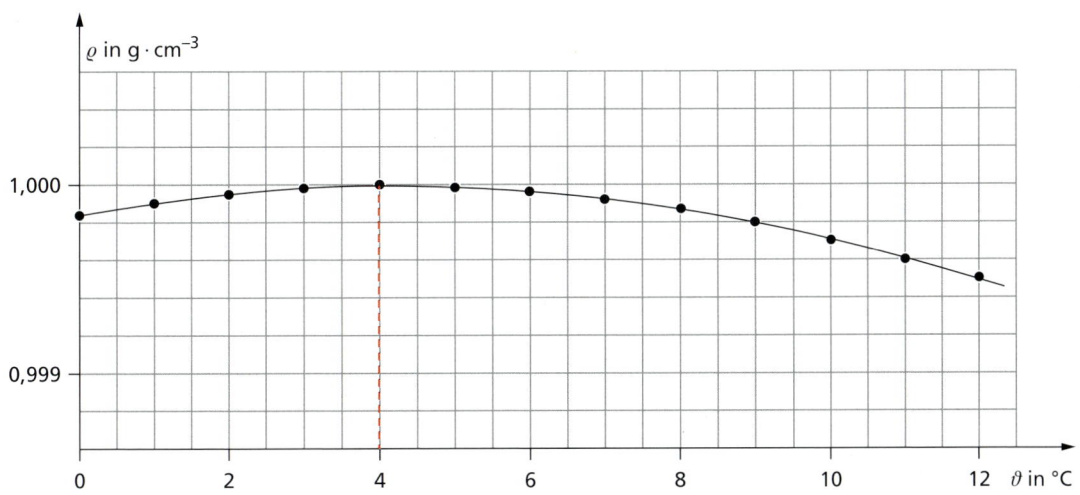

Viskositäten				bei 20 °C und 1013 hPa	
Flüssigkeiten				**Gase**	
Stoff	η in 10^{-6} Pa·s	**Stoff**	η in 10^{-6} Pa·s	**Stoff**	η in 10^{-6} Pa·s
Benzol (Benzen)	649	Salpetersäure (konzentriert)	890	Ammoniak	9,3
Ether (Diethylether)	234	Salzsäure (20 %)	1360	Chlor	12,3
Ethanol	1780	Schwefelsäure (konzentriert)	29000	Helium	18,7
Glycerin (Propantriol)	$8,3 \cdot 10^5$	Terpentinöl	1490	Luft	
Methanol	820	Tetrachlormethan	1350	bei 0 °C	17,2
				bei 20 °C	18,2
Motorenöl	$2 \cdot 10^4 \dots 10^7$	Wasser		bei 100 °C	21,8
Petroleum	1460	bei 0 °C	1792		
		bei 20 °C	1005	Sauerstoff	19,2
Propanon (Aceton)	330	bei 50 °C	549	Stickstoff	16,7
Quecksilber	1685	bei 100 °C	284	Xenon	21,1

Längenausdehnungskoeffizienten fester Stoffe				zwischen 0 °C und 100 °C	
Stoff	α in 10^{-5} K^{-1}	**Stoff**	α in 10^{-5} K^{-1}	**Stoff**	α in 10^{-5} K^{-1}
Aluminium	2,4	Glas (Fensterglas)	1,0	Silber	2,0
Beton	1,2	Gold	1,4	Silicium	0,2
Blei	2,9	Konstantan	1,5	Stahl	1,2
Cadmium	3,1	Kupfer	1,6	Wolfram	0,4
Eis (bei 0° C)	5,1	Messing	1,8	Ziegelstein	0,5
Eisen	1,2	Porzellan	0,4	Zinn	2,7

Volumenausdehnungskoeffizienten von Flüssigkeiten — bei 20 °C

Stoff	γ in 10^{-3} K^{-1}	Stoff	γ in 10^{-3} K^{-1}	Stoff	γ in 10^{-3} K^{-1}
Aceton (Propanon)	1,4	Methanol	1,1	Schwefelsäure	0,6
Benzin	1,0	Petroleum	0,9	Toluol	1,1
Ethanol	1,1	Quecksilber	0,18	Wasser	0,21

Spezifische Wärmekapazitäten von festen Stoffen und Flüssigkeiten

Feste Stoffe zwischen 0 °C und 100 °C				Flüssigkeiten bei 20 °C	
Stoff	c in kJ·kg^{-1}·K^{-1}	Stoff	c in kJ·kg^{-1}·K^{-1}	Stoff	c in kJ·kg^{-1}·K^{-1}
Aluminium	0,90	Messing	0,38	Aceton (Propanon)	2,10
Beton	0,90	Porzellan	0,73	Benzol (Benzen)	1,70
Blei	0,13	Stahl	0,47	Ethanol	2,43
Eis (bei 0° C)	2,09	Wolfram	0,13	Methanol	2,40
Glas	0,86	Ziegelstein	0,86	Petroleum	2,0
Konstantan	0,42	Zink	0,39	Quecksilber	0,14
Kupfer	0,39	Zinn	0,23	Wasser	4,19

Spezifische Wärmekapazitäten von Gasen bei konstantem Druck (c_p) und bei konstantem Volumen (c_v) — bei 0 °C

Stoff	c_p in kJ·kg^{-1}·K^{-1}	c_v in kJ·kg^{-1}·K^{-1}
Ammoniak	2,05	1,56
Helium	5,24	3,22
Kohlenstoffdioxid	0,85	0,65
Luft	1,01	0,72
Sauerstoff	0,92	0,65
Stickstoff	1,04	0,75
Wasserdampf	1,86	1,40
Wasserstoff	14,28	10,13

Spezifische Schmelzwärme und Schmelzpunkte

Stoff	s in $kJ \cdot kg^{-1}$	ϑ_s in °C	Stoff	s in $kJ \cdot kg^{-1}$	ϑ_s in °C
Aluminum	396	660	Aceton (Propanon)	82	−94,7
Blei	24,8	327	Ethanol	105	−114,1
Eis	334	0	Methanol	69	−97,7
Eisen	275	1540	Quecksilber	12	−38,9
Kupfer	205	1083	Ammoniak	339	−78
Silber	104	961	Luft	−	−213
Stahl	270	≈ 1500	Sauerstoff	14	−219
Wolfram	192,6	3410	Stickstoff	26	−210
Zinn	59	232	Wasserstoff	59	−259

Spezifische Verdampfungswärme und Siedepunkte

Stoff	r in $kJ \cdot kg^{-1}$	ϑ_r in °C	Stoff	r in $kJ \cdot kg^{-1}$	ϑ_r in °C
Aluminum	10500	2450	Aceton (Propanon)	525	56
Blei	871	1740	Benzol (Benzen)	394	80
Eisen	6322	3000	Ethanol	845	78
Gold	1578	2970	Quecksilber	285	356,6
Grafit	−	4830	Wasser	2256	100
Kupfer	4650	2600	Ammoniak	1370	−33
Silber	2357	2210	Luft	190	−193
Wolfram	4190	5500	Stickstoff	198	−196
Zinn	2386	2270	Wasserstoff	455	−253

Heizwerte ausgewählter Stoffe

Feste Stoffe	H in $\frac{MJ}{kg}$	Flüssigkeiten	H in $\frac{MJ}{kg}$	Gase	H in $\frac{MJ}{kg}$
Braunkohle	8 … 15	Benzin	$41 \left(31\ \frac{MJ}{l}\right)$	Erdgas	$42 \left(31\ \frac{MJ}{m^3}\right)$
Braunkohlen-briketts	20	Diesel	$43 \left(36\ \frac{MJ}{l}\right)$	Propan	$47 \left(94\ \frac{MJ}{m^3}\right)$
Holz (trocken)	15	Heizöl	$43 \left(36\ \frac{MJ}{l}\right)$	Stadtgas	$28 \left(17\ \frac{MJ}{m^3}\right)$
Steinkohle	30	Petroleum	$51 \left(41\ \frac{MJ}{l}\right)$	Wasserstoff	$120 \left(11\ \frac{MJ}{m^3}\right)$

Schallgeschwindigkeiten

Feste Stoffe (bei 20 °C)		Flüssigkeiten (bei 20 °C)		Gase (bei 0 °C und 1 013 hPa)	
Stoff	c in $m \cdot s^{-1}$	Stoff	c in $m \cdot s^{-1}$	Stoff	c in $m \cdot s^{-1}$
Aluminium	5 100	Benzol (Benzen)	1 330	Ammoniak	415
Beton	3 800	Ethanol	1 190	Helium	981
Holz (Eiche)	3 380	Glycerin (Propantriol)	1 920	Kohlenstoff-dioxid	258
Eis ■ bei − 4 °C	3 250	Wasser ■ bei 0 °C ■ bei 20 °C ■ bei 25 °C	 1 407 1 484 1 457	Luft ■ bei −20 °C ■ bei 0 °C ■ bei +20 °C	 320 332 344
Stahl	4 900	Quecksilber	1 430	Sauerstoff	316

Reibungszahlen			Durchschnittswerte
Stoff	**Haftreibungszahl μ_0**	**Gleitreibungszahl μ**	**Rollreibungszahl μ_F (Fahrwiderstandszahl)**
Beton auf Kies	0,8 … 0,9	–	–
Bremsbelag auf Stahl	–	0,6	–
Holz auf Holz	0,6	0,5	–
Reifen auf Asphalt ▪ trocken ▪ nass	 0,8 0,5	 0,5 0,3	 0,01 –
Reifen auf Beton ▪ trocken ▪ nass	 0,9 0,6	 0,6 0,5	 0,02 –
Stahl auf Eis	0,03	0,01	–
Stahl auf Stahl ▪ trocken ▪ geschmiert	 0,15 0,10	 0,10 0,05	 0,002 0,001

Widerstandsbeiwerte				Durchschnittswerte
Körper		**c_w**	**Körper**	**c_w**
Scheibe	⟶ |	1,1	Pkw	0,25 …0,45
Kugel	⟶ ●	0,45	Omnibus	0,6 …0,7
Halbkugel	⟶ (	0,3 …0,4	Lkw	0,6 …1,0
Schale	⟶)	1,3 …1,5	Motorrad	0,6 …0,7
Stromlinienkörper	⟶ ●	0,06	Rennwagen	0,15 …0,2

Spezifischer elektrischer Widerstand						bei 20 °C
Leiter	**ϱ in $\Omega \cdot mm^2 \cdot m^{-1}$**	**Isolatoren**	**ϱ in $\Omega \cdot mm^2 \cdot m^{-1}$**	**andere Stoffe**	**ϱ in $\Omega \cdot mm^2 \cdot m^{-1}$**	
Aluminium	0,028	Bernstein	$>10^{22}$	Blut	$1,6 \cdot 10^6$	
Eisen	0,10	Glas	$10^{13}...10^{17}$	Fettgewebe	$3,3 \cdot 10^7$	
Gold	0,022	Glimmer	$10^{15}...10^{17}$	Haut (trocken)	10^8	
Grafit	20	Holz (trocken)	$10^{10} ... 10^{15}$	Kochsalzlösung (10 %)	$7,9 \cdot 10^4$	
Konstantan	0,50	Papier	$10^{15}...10^{16}$	Kupfersulfat-lösung (10 %)	$3,0 \cdot 10^5$	
Kupfer	0,017	Polypropylen-folie	10^{11}	Meerwasser	$5,0 \cdot 10^5$	
Silber	0,016	Porzellan	10^{18}	Muskelgewebe	$2,0 \cdot 10^6$	
Stahl	0,10...0,20	Transformato-renöl	$10^{12}...10^{15}$	Salzsäure (10 %)	$1,5 \cdot 10^4$	
Wolfram	0,053	Wasser (destilliert)	10^{10}	Schwefelsäure (10 %)	$2,5 \cdot 10^4$	

Permeabilitätszahlen					bei 20 °C
Diamagnetische Stoffe		**Paramagnetische Stoffe**		**Ferromagnetische Stoffe**	
Stoff	**μ_r**	**Stoff**	**μ_r**	**Stoff**	**μ_r**
Antimon	0,999 884	Aluminium	1,000 02	Cobalt	80 ... 200
Gold	0,999 971	Chrom	1,000 28	Dynamoblech	200 ... 3 000
Quecksilber	0,999 966	Eisen(III)-chlorid	1,003 756	Eisen	250 ... 680
Wasser	0,999 991	Luft	1,000 000 37	Nickel	280 ... 2 500
Zink	0,999 986	Platin	1,000 2	Sonderlegierungen	bis 900 000

Permittivitätszahlen						bei 20 °C
Stoff	ε_r	**Stoff**	ε_r	**Stoff**	ε_r	
Bernstein	2,8	Luft	1,0006	Porzellan	5 ... 6,5	
Glas	5 ... 16	Methanol	34	Transformatorenöl	2,2 ... 2,5	
Glimmer	5 ... 9	Papier	1,2 ... 3,0	Vakuum	1	
Holz	3 ... 10	Paraffin	2,0	Wasser	81	
keramische Werkstoffe	10 ... 50000	Polypropylenfolie	2,2	Wasserstoff	1,0003	

Brechzahlen			für 589,3 nm bei 20 °C
Stoff	n	**Stoff**	n
Diamant	2,42	Kronglas ■ leicht ■ schwer	1,51 1,61
Eis	1,31		
Flintglas ■ leicht ■ schwer	1,61 1,75	Luft	1,000292
		Plexiglas	1,49
Flussspat	1,43	Polystyrol	1,59
Glimmer	1,58	Quarzglas	1,46
Kalkspat ■ ordentlich ■ außerordentlich	1,66 1,49	Wasser	1,33
		Zedernholzöl	1,51

Wellenlängen einiger Spektrallinien

Element	λ in nm	Element	λ in nm
Helium	447,2 471,3 501,6 667,8 706,5	Quecksilber	404,7 435,8 491,6 546,1 579,0
Natrium	568,3 568,8 588,995 (D_2) 589,592 (D_1)	Wasserstoff (Balmer-Serie)	410,2 (H_δ) 434,1 (H_γ) 486,1 (H_β) 656,3 (H_α)

Austrittsarbeiten

Stoff	W in eV	Stoff	W in eV	Stoff	W in eV
Caesium	2,14	Kalium	2,25	Platin	5,66
Natrium	2,28	Kupfer	4,39	Zink	4,34

Übersicht über die chemischen Elemente

Z	Symbol	Name des Elements	Z	Symbol	Name des Elements
1	H	Wasserstoff	29	Cu	Kupfer
2	He	Helium	30	Zn	Zink
3	Li	Lithium	31	Ga	Gallium
4	Be	Beryllium	32	Ge	Germanium
5	B	Bor	33	As	Arsen
6	C	Kohlenstoff	34	Se	Selen
7	N	Stickstoff	35	Br	Brom
8	O	Sauerstoff	36	Kr	Krypton
9	F	Fluor	37	Rb	Rubidium
10	Ne	Neon	38	Sr	Strontium
11	Na	Natrium	39	Y	Yttrium
12	Mg	Magnesium	40	Zr	Zirconium
13	Al	Aluminium	41	Nb	Niobium
14	Si	Silicium	42	Mo	Molybdän
15	P	Phosphor	43	Tc	Technetium
16	S	Schwefel	44	Ru	Ruthenium
17	Cl	Chlor	45	Rh	Rhodium
18	Ar	Argon	46	Pd	Palladium
19	K	Kalium	47	Ag	Silber
20	Ca	Calcium	48	Cd	Cadmium
21	Sc	Scandium	49	In	Indium
22	Ti	Titanium	50	Sn	Zinn
23	V	Vanadium	51	Sb	Antimon
24	Cr	Chromium	52	Te	Tellur
25	Mn	Mangan	53	I	Iod
26	Fe	Eisen	54	Xe	Xenon
27	Co	Cobalt	55	Cs	Caesium
28	Ni	Nickel	56	Ba	Barium

Z	Symbol	Name des Elements	Z	Symbol	Name des Elements
57	La	Lanthan	85	At	Astat
58	Ce	Cerium	86	Rn	Radon
59	Pr	Praseodymium	87	Fr	Francium
60	Nd	Neodymium	88	Ra	Radium
61	Pm	Promethium	89	Ac	Actinium
62	Sm	Samarium	90	Th	Thorium
63	Eu	Europium	91	Pa	Protactinium
64	Gd	Gadolinium	92	U	Uranium
65	Tb	Terbium	93	Np	Neptunium
66	Dy	Dysprosium	94	PU	Plutonium
67	Ho	Holmium	95	Am	Americium
68	Er	Erbium	96	Cm	Curium
69	Tm	Thulium	97	Bk	Berkelium
70	Yb	Ytterbium	98	Cf	Californium
71	Lu	Lutetium	99	Es	Einsteinium
72	Hf	Hafnium	100	Fm	Fermium
73	Ta	Tantal	101	Md	Mendelevium
74	W	Wolfram	102	No	Nobelium
75	Re	Rhenium	103	Lr	Lawrencium
76	Os	Osmium	104	Rf	Rutherfordium
77	Ir	Iridium	105	Db	Dubnium
78	Pt	Platin	106	Sg	Seaborgium
79	Au	Gold	107	Bh	Bohrium
80	Hg	Quecksilber	108	Hs	Hassium
81	Tl	Thallium	109	Mt	Meitnerium
82	Pb	Blei	110	Ds	Darmstadtium
83	Bi	Bismut	111	Rg	Roentgenium
84	Po	Polonium	112	Cn	Copernicium

Atommassen ausgewählter Nuklide

Z	Nuklid	m_a in u	Z	Nuklid	m_a in u	Z	Nuklid	m_a in u
1	H 1	1,007 825	12	Mg 24	23,985 042	21	Sc 45	44,955 912
	H 2	2,014 102		Mg 25	24,985 837			
	H 3	3,016 049		Mg 26	25,982 593	22	Ti 46	45,952 632
							Ti 47	46,951 763
2	He 3	3,016 029	13	Al 27	26,981 539		Ti 48	47,947 946
	He 4	4,002 603					Ti 49	48,947 870
			14	Si 28	27,976 927		Ti 50	49,944 791
3	Li 6	6,015 123		Si 29	28,976 495			
	Li 7	7,016 005		Si 30	29,973 770	23	V 51	50,943 960
			15	P 30	29,978 314	24	Cr 51	50,944 767
4	Be 9	9,012 182		P 31	30,973 762		Cr 52	51,940 508
	Be 10	10,013 534		P 32	31,973 907		Cr 53	52,940 649
							Cr 54	53,938 880
5	B 10	10,012 937	16	S 32	31,972 071			
	B 11	11,009 305		S 33	32,971 459	25	Mn 55	54,938 045
				S 34	33,967 867			
6	C 12	12,000 000		S 35	34,969 032	26	Fe 54	53,939 611
	C 13	13,003 355		S 36	35,967 081		Fe 55	54,938 293
	C 14	14,003 242					Fe 56	55,934 938
			17	Cl 35	34,968 853		Fe 57	56,935 394
7	N 14	14,003 074		Cl 37	36,965 903		Fe 58	57,933 276
	N 15	15,000 109		Cl 38	37,968 010		Fe 59	58,934 876
	N 16	16,006 102					Fe 60	59,934 072
			18	Ar 36	35,967 545			
8	O 15	15,003 066		Ar 38	37,962 732	27	Co 55	54,941 999
	O 16	15,994 915		Ar 39	38,964 314		Co 56	55,939 839
	O 17	16,999 132		Ar 40	39,962 383		Co 57	56,936 291
	O 18	17,999 161		Ar 41	40,964 501		Co 58	57,935 753
				Ar 42	41,963 047		Co 59	58,933 195
9	F 19	18,998 403	19	K 39	38,963 707		Co 60	59,933 817
				K 40	39,963 998			
10	Ne 20	19,992 440		K 41	40,961 826	28	Ni 58	57,935 343
	Ne 21	20,993 847		K 42	41,962 403		Ni 60	59,930 786
	Ne 22	21,991 385					Ni 61	60,931 056
			20	Ca 40	39,962 591		Ni 62	61,928 345
11	Na 22	21,994 436		Ca 42	41,958 618		Ni 64	63,927 966
	Na 23	22,989 769		Ca 43	42,958 767			
	Na 24	23,990 963		Ca 44	43,955 482	29	Cu 63	62,929 598
	Na 25	24,989 954		Ca 45	44,956 187		Cu 65	64,927 790
				Ca 46	45,953 693		Cu 66	65,928 869

Z	Nuklid	m_a in u	Z	Nuklid	m_a in u	Z	Nuklid	m_a in u
30	Zn 64	63,929 142	38	Sr 84	83,913 425	46	Pd 102	101,905 609
	Zn 65	64,929 241		Sr 86	85,909 260		Pd 104	103,904 036
	Zn 66	65,926 033		Sr 87	86,908 877		Pd 105	104,905 085
	Zn 67	66,927 127		Sr 88	87,905 612		Pd 106	105,903 486
	Zn 68	67,924 844		Sr 90	89,907 738		Pd 108	107,903 892
				Sr 92	91,911 038		Pd 110	109,905 153
31	Ga 69	68,925 574		Sr 94	93,915 362			
	Ga 71	70,924 701		Sr 96	95,921 697	47	Ag 107	106,905 098
				Sr 98	97,928 453		Ag 109	108,904 752
32	Ge 70	69,924 247	39	Y 89	88,905 848			
	Ge 72	71,922 076		Y 90	89,907 152	48	Cd 106	105,906 460
	Ge 73	72,923 459		Y 95	94,912 822		Cd 110	109,903 002
	Ge 74	73,921 178		Y 96	95,915 891		Cd 111	110,904 178
	Ge 76	75,921 403					Cd 114	113,903 359
			40	Zr 90	89,904 704		Cd 116	115,904 756
33	As 75	74,921 597		Zr 91	90,905 646			
				Zr 92	91,905 041	49	In 113	112,904 058
34	Se 74	73,922 476		Zr 94	93,906 315			
	Se 76	75,919 214		Zr 95	94,908 043	50	Sn 114	113,902 779
	Se 77	76,919 914					Sn 115	114,903 342
	Se 78	77,917 309	41	Nb 93	92,906 378		Sn 116	115,901 741
	Se 80	79,916 521		Nb 95	94,906 836		Sn 118	117,901 603
							Sn 120	119,902 195
35	Br 79	78,918 337	42	Mo 92	91,906 811		Sn 122	121,903 439
	Br 81	80,916 291		Mo 94	93,905 088		Sn 124	123,905 274
	Br 82	81,916 804		Mo 95	94,905 842			
				Mo 96	95,904 680			
				Mo 97	96,906 022	51	Sb 121	120,903 816
				Mo 98	97,905 408		Sb 123	122,904 214
36	Kr 78	77,920 365		Mo 100	99,907 478			
	Kr 80	79,916 379				52	Te 120	119,904 020
	Kr 82	81,913 484	43	Tc 97	96,906 366		Te 122	121,903 044
	Kr 83	82,914 136		Tc 99	98,906 255		Te 124	123,902 818
	Kr 84	83,911 507					Te 125	124,904 431
	Kr 85	84,912 527	44	Ru 96	95,907 599		Te 126	125,903 312
	Kr 86	85,910 611		Ru 98	97,905 288		Te 130	129,906 224
	Kr 89	88,917 631		Ru 99	98,905 939			
	Kr 92	91,926 156		Ru 100	99,904 220			
				Ru 101	100,905 582	53	I 123	122,905 589
				Ru 102	101,904 349		I 127	126,904 473
37	Rb 85	84,911 790		Ru 104	103,905 433		I 131	130,906 125
	Rb 94	93,926 406	45	Rh 103	102,905 504			

Z	Nuklid	m_a in u	Z	Nuklid	m_a in u	Z	Nuklid	m_a in u
54	Xe 124	123,905 893	62	Sm 144	143,911 999	71	Lu 175	174,940 772
	Xe 126	125,904 274		Sm 150	149,917 276			
	Xe 128	127,903 531		Sm 152	151,919 732			
	Xe 129	128,904 779		Sm 154	153,922 209	72	Hf 176	175,941 409
	Xe 130	129,903 508					Hf 177	176,943 221
	Xe 131	130,905 082	63	Eu 151	150,919 850		Hf 178	177,943 699
	Xe 132	131,904 154		Eu 153	152,921 230		Hf 179	178,945 816
	Xe 134	133,905 395					Hf 180	179,946 550
	Xe 138	137,913 951	64	Gd 154	153,920 866			
				Gd 155	154,922 622			
55	Cs 133	132,905 452		Gd 156	155,922 123	73	Ta 181	180,947 996
	Cs 134	133,906 718		Gd 157	156,923 960			
	Cs 135	134,905 977		Gd 158	157,924 104	74	W 180	179,946 704
	Cs 136	135,907 312		Gd 160	159,927 054		W 182	181,948 204
	Cs 137	136,907 090					W 183	182,950 223
	Cs 138	137,911 017	65	Tb 159	158,925 347		W 185	184,953 419
	Cs 140	139,917 283					W 186	185,954 364
			66	Dy 156	155,924 284			
56	Ba 130	129,906 321		Dy 158	157,924 409			
	Ba 132	131,905 061		Dy 160	159,925 198	75	Re 185	184,952 955
	Ba 134	133,904 508		Dy 161	160,926 933		Re 187	186,955 753
	Ba 135	134,905 689		Dy 162	161,926 798			
	Ba 136	135,904 576		Dy 163	162,928 731			
	Ba 137	136,905 827		Dy 164	163,929 175	76	Os 187	186,955 751
	Ba 138	137,905 247					Os 188	187,955 838
	Ba 144	143,922 953	67	Ho 165	164,930 322		Os 189	188,958 148
							Os 190	189,958 447
57	La 139	138,906 353	68	Er 162	161,928 778		Os 192	191,961 481
				Er 164	163,929 200			
58	Ce 136	135,907 172		Er 166	165,930 293			
	Ce 138	137,905 991		Er 167	166,932 048	77	Ir 191	190,960 594
	Ce 140	139,905 439		Er 168	167,932 370		Ir 193	192,962 926
				Er 170	169,935 464			
59	Pr 141	140,907 653	69	Tm 169	168,934 213	78	Pt 192	191,961 038
							Pt 194	193,962 680
60	Nd 142	141,907 723	70	Yb 168	167,933 898		Pt 195	194,964 791
	Nd 143	142,909 814		Yb 170	169,934 762		Pt 196	195,964 952
	Nd 145	144,912 574		Yb 171	170,936 326		Pt 198	197,967 893
	Nd 146	145,913 117		Yb 172	171,936 382			
	Nd 148	147,916 893		Yb 173	172,938 211			
				Yb 174	173,938 862	79	Au 197	196,966 569
61	Pm 145	144,912 749		Yb 176	175,942 572		Au 198	197,968 242

Z	Nuklid	m_a in u
80	Hg 196	195,965 833
	Hg 198	197,966 769
	Hg 199	198,968 280
	Hg 200	199,968 326
	Hg 201	200,970 302
	Hg 202	201,970 643
	Hg 204	203,973 494
81	Tl 203	202,972 344
	Tl 204	203,973 864
	Tl 205	204,974 428
	Tl 207	206,977 420
	Tl 208	207,982 019
82	Pb 204	203,973 044
	Pb 205	204,974 482
	Pb 206	205,974 465
	Pb 207	206,975 897
	Pb 208	207,976 652
	Pb 209	208,981 090
	Pb 210	209,984 189
	Pb 211	210,988 737
	Pb 212	211,991 898
	Pb 214	213,999 805
83	Bi 209	208,980 399
	Bi 210	209,984 120
	Bi 211	210,987 270
	Bi 212	211,991 286
	Bi 213	212,994 386
	Bi 214	213,998 712
84	Po 210	209,982 874
	Po 211	210,986 653
	Po 212	211,988 868
	Po 213	212,992 857
	Po 214	213,995 201
	Po 215	214,999 420
	Po 216	216,001 915
	Po 218	218,008 973

Z	Nuklid	m_a in u
85	At 217	217,004 719
86	Rn 219	219,009 480
	Rn 220	220,011 394
	Rn 222	222,017 578
87	Fr 221	221,014 256
88	Ra 223	223,018 502
	Ra 224	224,020 212
	Ra 225	225,023 612
	Ra 226	226,025 410
	Ra 228	228,031 070
89	Ac 225	225,023 231
	Ac 227	227,027 752
	Ac 228	228,031 021
90	Th 227	227,027 704
	Th 228	228,028 741
	Th 229	229,031 762
	Th 230	230,033 134
	Th 231	231,036 304
	Th 232	232,038 055
	Th 233	233,041 582
	Th 234	234,043 601

Z	Nuklid	m_a in u
91	Pa 231	231,035 884
	Pa 233	233,040 247
	Pa 234	234,043 308
92	U 233	233,039 635
	U 234	234,040 952
	U 235	235,043 930
	U 236	236,045 568
	U 237	237,048 730
	U 238	238,050 788
	U 239	239,054 293
	U 240	240,056 593
93	Np 237	237,048 173
94	Pu 238	238,049 560
	Pu 239	239,052 163
	Pu 240	240,053 814
	Pu 241	241,056 852
	Pu 242	242,058 743
	Pu 244	244,064 205
95	Am 241	241,056 829
	Am 242	242,059 549

Natürliche Zerfallsreihen in Form einer Nuklidkarte

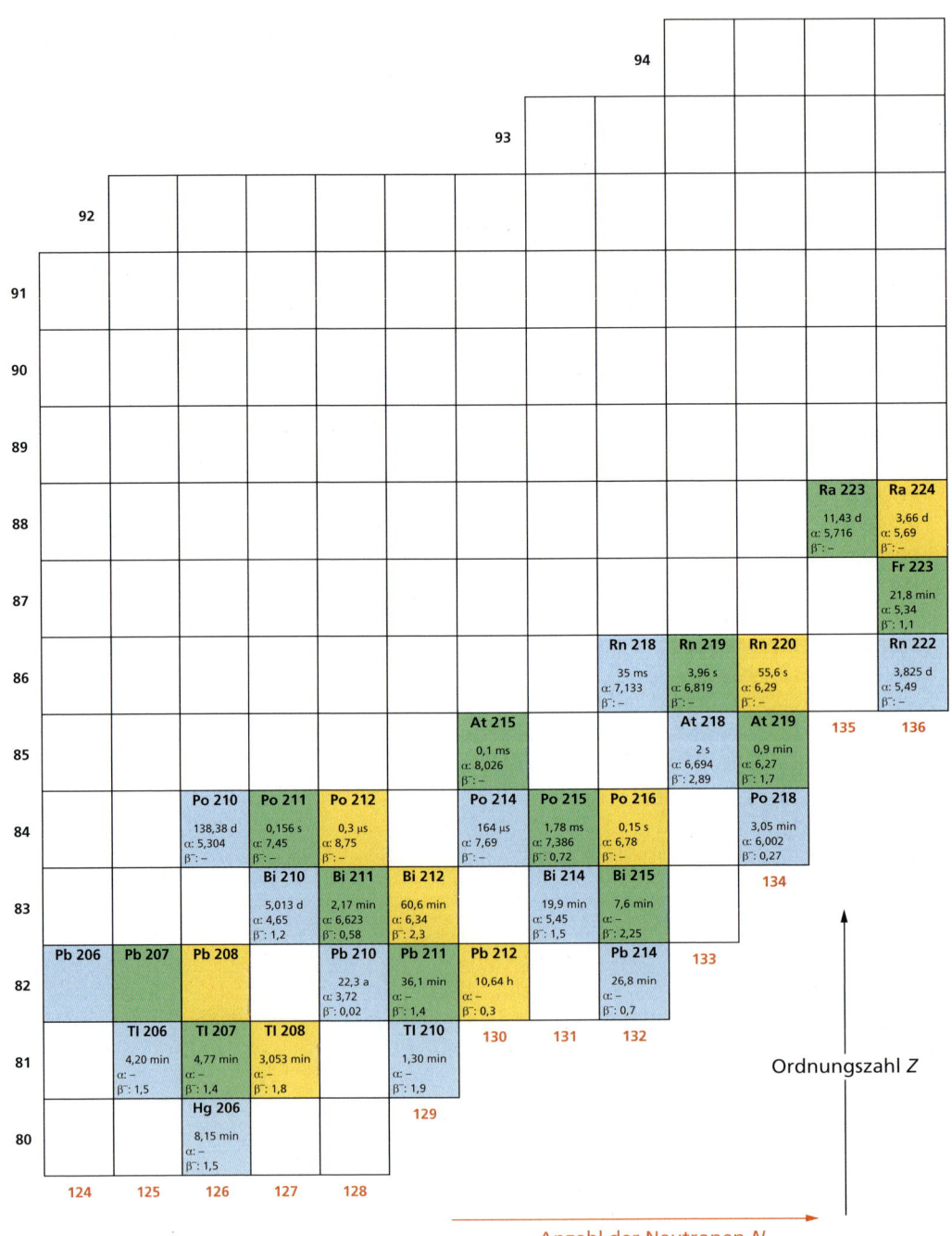

Gekürzter und vereinfachter Ausschnitt aus der Karlsruher Nuklidkarte, 8. Auflage 2012, J. Magill, G. Pfennig, R. Dreher, Z. Sóti.

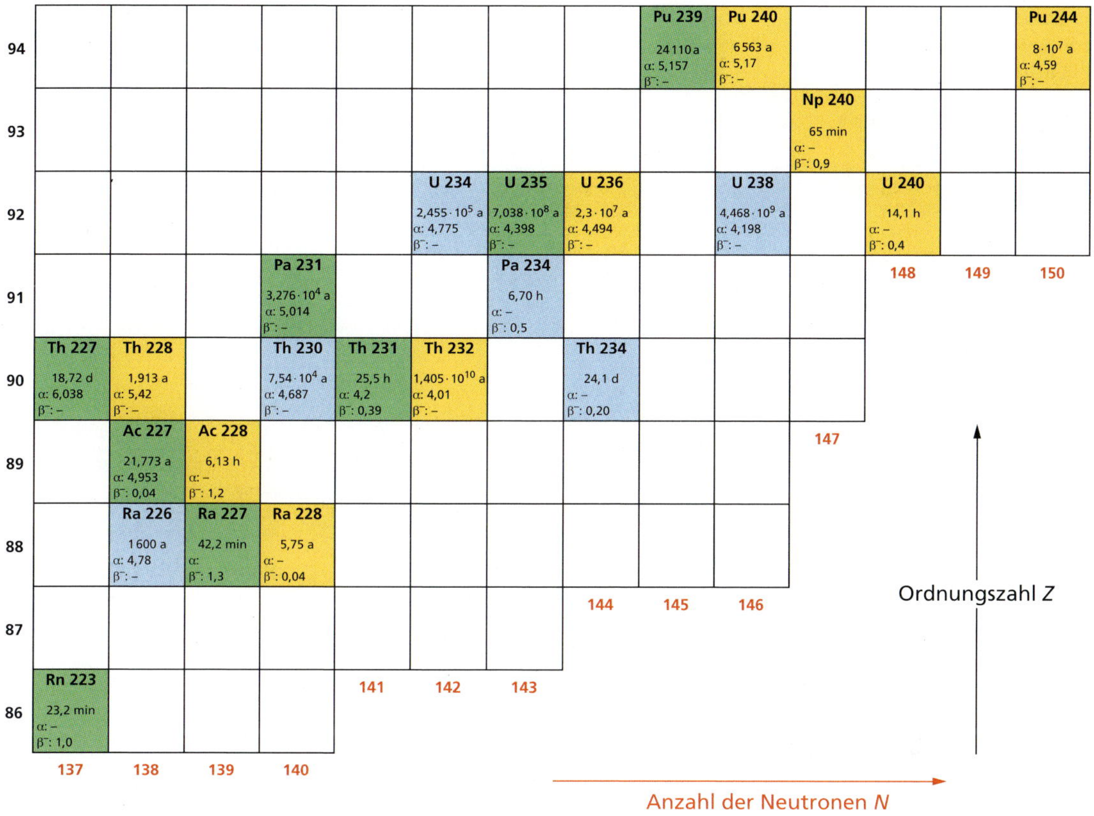

Z \ N	137	138	139	140	141	142	143	144	145	146	147	148	149	150
94									Pu 239 24110 a α: 5,157 β⁻: –	Pu 240 6563 a α: 5,17 β⁻: –				Pu 244 8·10⁷ a α: 4,59 β⁻: –
93											Np 240 65 min α: – β⁻: 0,9			
92						U 234 2,455·10⁵ a α: 4,775 β⁻: –	U 235 7,038·10⁸ a α: 4,398 β⁻: –	U 236 2,3·10⁷ a α: 4,494 β⁻: –		U 238 4,468·10⁹ a α: 4,198 β⁻: –		U 240 14,1 h α: – β⁻: 0,4		
91				Pa 231 3,276·10⁴ a α: 5,014 β⁻: –			Pa 234 6,70 h α: – β⁻: 0,5					148	149	150
90	Th 227 18,72 d α: 6,038 β⁻: –	Th 228 1,913 a α: 5,42 β⁻: –		Th 230 7,54·10⁴ a α: 4,687 β⁻: –	Th 231 25,5 h α: 4,2 β⁻: 0,39	Th 232 1,405·10¹⁰ a α: 4,01 β⁻: –		Th 234 24,1 d α: – β⁻: 0,20						
89		Ac 227 21,773 a α: 4,953 β⁻: 0,04	Ac 228 6,13 h α: – β⁻: 1,2								147			
88		Ra 226 1600 a α: 4,78 β⁻: –	Ra 227 42,2 min α: β⁻: 1,3	Ra 228 5,75 a α: β⁻: 0,04										
87								144	145	146				
86	Rn 223 23,2 min α: – β⁻: 1,0				141	142	143							
	137	138	139	140										

Ordnungszahl Z

Anzahl der Neutronen N

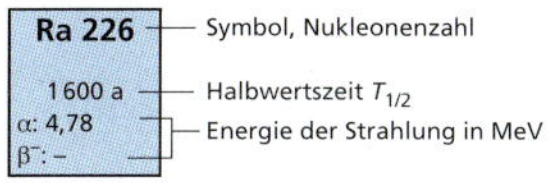

Legende:

- **Ra 226** — Symbol, Nukleonenzahl
- 1 600 a — Halbwertszeit $T_{1/2}$
- α: 4,78 / β⁻: – — Energie der Strahlung in MeV

- ■ (gelb) Thorium-Reihe
- ■ (blau) Uran-Radium-Reihe
- ■ (grün) Uran-Actinium-Reihe

Tabelle über Quarks

Quark	u	d	s	c	b	t
Bezeichnung	up	down	strange	charm	bottom	top
Ladung	$+\frac{2}{3}e$	$-\frac{1}{3}e$	$-\frac{1}{3}e$	$+\frac{2}{3}e$	$-\frac{1}{3}e$	$+\frac{2}{3}e$
Masse in $\frac{GeV}{c^2}$	0,003	0,006	0,1	1,3	4,3	175
Antiteilchen	$\bar{u}$	$\bar{d}$	$\bar{s}$	$\bar{c}$	$\bar{b}$	$\bar{t}$
Ladung	$-\frac{2}{3}e$	$+\frac{1}{3}e$	$+\frac{1}{3}e$	$-\frac{2}{3}e$	$+\frac{1}{3}e$	$-\frac{2}{3}e$
Masse in $\frac{GeV}{c^2}$	0,003	0,006	0,1	1,3	4,3	175

Tabelle über Leptonen

Name	Symbol	Ladung in e	Masse in $\frac{MeV}{c^2}$	Antiteilchen
Elektron	e	−1	0,511	Positron
Elektron-Neutrino	ν_e	0	$< 10^{-5}$	Anti-Elektron-Neutrino
Myon	μ	−1	106	Anti-Myon
Myon-Neutrino	ν_μ	0	$< 0,2$	Anti-Myon-Neutrino
Tauon	τ	−1	1777	Anti-Tauon
Tauon-Neutrino	ν_τ	0	< 20	Anti-Tauon-Neutrino

Mathematische Merkhilfe

1 Inhalte der Mittelstufe

Lösungsformel für quadratische Gleichungen

Lösungsformel für $ax^2 + bx + c = 0$:

$$x_{1/2} = \frac{-b \pm \sqrt{b^2 - 4ac}}{2a}$$

Potenzen

$$a^{\frac{m}{n}} = \sqrt[n]{a^m}$$

$$(a^r)^s = a^{r \cdot s}$$

$$\frac{a^r}{a^s} = a^{r-s}$$

$$\frac{a^r}{b^r} = \left(\frac{a}{b}\right)^r$$

$$a^{-r} = \frac{1}{a^r}$$

$$a^r \cdot a^s = a^{r+s}$$

$$a^r \cdot b^r = (ab)^r$$

Logarithmen

$$\log_a(b \cdot c) = \log_a b + \log_a c \qquad \log_a \frac{b}{c} = \log_a b - \log_a c$$

$$\log_a b^r = r \cdot \log_a b$$

Strahlensätze

Ist $AB \parallel A'B'$, so gilt:

$$\frac{\overline{ZA}}{\overline{ZA'}} = \frac{\overline{ZB}}{\overline{ZB'}}; \quad \frac{\overline{ZA}}{\overline{AA'}} = \frac{\overline{ZB}}{\overline{BB'}}$$

$$\frac{\overline{ZA}}{\overline{ZA'}} = \frac{\overline{AB}}{\overline{A'B'}}$$

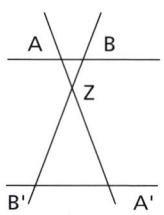
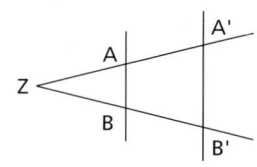

■ **Rechtwinkliges Dreieck**

■ Satz des Pythagoras: $a^2 + b^2 = c^2$

■ Höhensatz: $h^2 = p \cdot q$

■ Kathetensatz: $a^2 = c \cdot p$; $b^2 = c \cdot q$

■ $\sin \alpha = \frac{a}{c}$; $\cos \alpha = \frac{b}{c}$

■ $\tan \alpha = \frac{\sin \alpha}{\cos \alpha} = \frac{a}{b}$

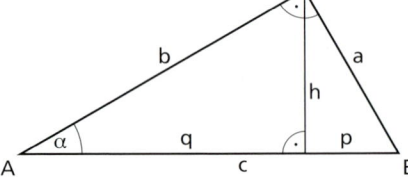

■ **Allgemeines Dreieck**

■ Sinussatz: $a : b : c = \sin \alpha : \sin \beta : \sin \gamma$

■ Kosinussatz: $a^2 = b^2 + c^2 - 2bc \cdot \cos \alpha$

$b^2 = a^2 + c^2 - 2ac \cdot \cos \beta$

$c^2 = a^2 + b^2 - 2ab \cdot \cos \gamma$

■ **Sinus und Kosinus**

$\sin(-\varphi) = -\sin \varphi$ $\cos(-\varphi) = \cos \varphi$

$(\sin \varphi)^2 + (\cos \varphi)^2 = 1$

$\sin(90° - \varphi) = \cos \varphi$ $\cos(90° - \varphi) = \sin \varphi$

■ **Figurengeometrie**

■ Trapez: $A = \frac{a + c}{2} \cdot h$

■ Kreis: $U = 2r \cdot \pi$; $A = r^2 \cdot \pi$

■ **Raumgeometrie**

■ Prisma: $V = G \cdot h$

■ Pyramide: $V = \frac{1}{3} G \cdot h$

■ gerader Kreiszylinder: $V = r^2 \cdot \pi \cdot h$; $M = 2r \cdot \pi \cdot h$

■ gerader Kreiskegel: $V = \frac{1}{3} r^2 \cdot \pi \cdot h$; $M = r \cdot \pi \cdot m$

■ Kugel: $V = \frac{4}{3} r^3 \cdot \pi$; $O = 4r^2 \cdot \pi$

2 Analysis

Grenzwerte

$$\lim_{x \to +\infty} \frac{x^r}{e^x} = 0 \qquad\qquad \lim_{x \to +\infty} \frac{\ln x}{x^r} = 0$$

$$\lim_{x \to 0} x^r \cdot \ln x = 0 \qquad\qquad \text{(jeweils } r > 0\text{)}$$

Ableitung

■ Differenzenquotient (mittlere Änderungsrate):

$$\frac{f(x) - f(x_0)}{x - x_0}$$

■ $f'(x_0) = \lim_{x \to x_0} \frac{f(x) - f(x_0)}{x - x_0}$

(falls der Grenzwert existiert und endlich ist)

■ Schreibweisen: $\quad f'(x) = \frac{d\,f(x)}{dx} = \frac{d}{dx} f(x) = \frac{dy}{dx} = y'$

Ableitungen der Grundfunktionen

$(x^r)' = r \cdot x^{r-1}$

$(\sin x)' = \cos x \qquad\qquad (\cos x)' = -\sin x$

$(e^x)' = e^x \qquad\qquad (\ln x)' = \frac{1}{x}$

$(a^x)' = a^x \cdot \ln a \qquad\qquad (\log_a x)' = \frac{1}{x \cdot \ln a}$

Ableitungsregeln

■ Summenregel:

$$f(x) = u(x) + v(x) \quad \Rightarrow \quad f'(x) = u'(x) + v'(x)$$

■ Faktorregel:

$$f(x) = a \cdot u(x) \quad\quad \Rightarrow \quad f'(x) = a \cdot u'(x)$$

■ Produktregel:

$$f(x) = u(x) \cdot v(x) \quad\quad \Rightarrow \quad f'(x) = u'(x) \cdot v(x) + u(x) \cdot v'(x)$$

■ Quotientenregel:

$$f(x) = \frac{u(x)}{v(x)} \quad \Rightarrow \quad f'(x) = \frac{u'(x) \cdot v(x) - u(x) \cdot v'(x)}{[v(x)]^2}$$

■ Kettenregel:

$$f(x) = u(v(x)) \quad\quad \Rightarrow \quad f'(x) = u'(v(x)) \cdot v'(x)$$

Anwendungen der Differentialrechnung

- Tangentensteigung: $m_T = f'(x_0)$

  Normalensteigung: $m_N = -\dfrac{1}{f'(x_0)}$

- Monotonie:

  $f'(x) < 0$ im Intervall I $\Rightarrow$ G_f fällt streng monoton in I.

  $f'(x) > 0$ im Intervall I $\Rightarrow$ G_f steigt streng monoton in I.

- Extrempunkte

  Ist $f'(x_0) = 0$ und wechselt f' an der Stelle x_0 das Vorzeichen, so hat G_f an der Stelle x_0 einen Extrempunkt.

- Krümmung

  $f''(x) < 0$ im Intervall I $\Rightarrow$ G_f ist in I rechtsgekrümmt.

  $f''(x) > 0$ im Intervall I $\Rightarrow$ G_f ist in I linksgekrümmt.

- Wendepunkte

  Ist $f''(x_0) = 0$ und wechselt f'' an der Stelle x_0 das Vorzeichen, so hat G_f an der Stelle x_0 einen Wendepunkt.

- Newtonsche Iterationsformel:

  $x_{n+1} = x_n - \dfrac{f(x_n)}{f'(x_n)}$

Hauptsatz der Differential- und Integralrechnung

Jede Integralfunktion einer stetigen Funktion f ist eine Stammfunktion von f.

$$I(x) = \int_a^x f(t)\,dt \quad \Rightarrow \quad I'(x) = f(x)$$

Bestimmtes Integral

$$\int_a^b f(x)\,dx = F(b) - F(a) = [F(x)]_a^b$$

(F ist eine Stammfunktion von f)

Unbestimmte Integrale

$\displaystyle\int x^r\,dx = \frac{x^{r+1}}{r+1} + C \quad (r \neq -1)$ $\displaystyle\int \frac{1}{x}\,dx = \ln|x| + C$

$\displaystyle\int \sin x\,dx = -\cos x + C$ $\displaystyle\int \cos x\,dx = \sin x + C$

$\displaystyle\int e^x\,dx = e^x + C$ $\displaystyle\int \ln x\,dx = -x + x \cdot \ln x + C$

$\displaystyle\int \frac{f'(x)}{f(x)}\,dx = \ln|f(x)| + C$ $\displaystyle\int f'(x) \cdot e^{f(x)}\,dx = e^{f(x)} + C$

$\displaystyle\int f(ax + b)\,dx = \frac{1}{a} \cdot F(ax + b) + C$

(F ist eine Stammfunktion von f)

3 Stochastik

Binomialkoeffizient

$$\binom{n}{k} = \frac{n!}{k! \cdot (n-k)!} = \frac{n \cdot (n-1) \cdot \ldots \cdot (n-k+1)}{k!}$$

Der Binomialkoeffizient gibt an, wie viele Möglichkeiten es gibt, aus einer Menge mit n Elementen eine Teilmenge mit k Elementen zu bilden.

Urnenmodell

- Ziehen ohne Zurücklegen:
  Aus einer Urne mit N Kugeln, von denen K schwarz sind, werden n Kugeln ohne Zurücklegen gezogen.

  $$P(\text{„genau k schwarze Kugeln“}) = \frac{\binom{K}{k} \cdot \binom{N-K}{n-k}}{\binom{N}{n}}$$

- Ziehen mit Zurücklegen:
  Aus einer Urne, in der der Anteil schwarzer Kugeln p ist, werden n Kugeln mit Zurücklegen gezogen.

  $$P(\text{„genau k schwarze Kugeln“}) = \binom{n}{k} \cdot p^k \cdot (1-p)^{n-k}$$

Bedingte Wahrscheinlichkeit $P_A(B) = \frac{P(A \cap B)}{P(A)}$

Unabhängigkeit zweier Ereignisse $P(A \cap B) = P(A) \cdot P(B)$

Zufallsgrößen – Binomialverteilung

Eine Zufallsgröße X nehme die Werte x_1, x_2, ..., x_n mit den Wahrscheinlichkeiten p_1, p_2, ..., p_n an. Dann gilt:

- Erwartungswert:

$$\mu = E(X) = \sum_{i=1}^{n} x_i \cdot p_i = x_1 \cdot p_1 + x_2 \cdot p_2 + \dots + x_n \cdot p_n$$

- Varianz:

$$Var(X) = \sum_{i=1}^{n} (x_i - \mu)^2 \cdot p_i$$
$$= (x_1 - \mu)^2 \cdot p_1 + (x_2 - \mu)^2 \cdot p_2 + \dots + (x_n - \mu)^2 \cdot p_n$$

- Standardabweichung:

$$\sigma = \sqrt{Var(X)}$$

Ist die Zufallsgröße X binomial verteilt nach B(n; p), so gilt:

$$P(X = k) = B(n;\,p;\,k) = \binom{n}{k} \cdot p^k \cdot (1 - p)^{n-k}$$

- Erwartungswert:

$$E(X) = n \cdot p$$

- Varianz:

$$Var(X) = n \cdot p \cdot (1 - p)$$

Signifikanztest

- Fehler 1. Art: H_0 wird irrtümlich abgelehnt.

- Fehler 2. Art: H_0 wird irrtümlich nicht abgelehnt.

Als Signifikanzniveau bezeichnet man den Wert, den die Wahrscheinlichkeit für einen Fehler 1. Art nicht überschreiten darf.

4 Geometrie

Skalarprodukt im $\mathbb{R}^3$

- Definition: $\vec{a} \circ \vec{b} = \begin{pmatrix} a_1 \\ a_2 \\ a_3 \end{pmatrix} \circ \begin{pmatrix} b_1 \\ b_2 \\ b_3 \end{pmatrix} = a_1 b_1 + a_2 b_2 + a_3 b_3$

- zueinander senkrechte Vektoren: $\vec{a} \perp \vec{b} \iff \vec{a} \circ \vec{b} = 0$

- Betrag eines Vektors: $|\vec{a}| = \sqrt{\vec{a} \circ \vec{a}}$

- Einheitsvektor $\vec{a}^0 = \dfrac{\vec{a}}{|\vec{a}|}$

- Winkel zwischen zwei Vektoren:

  $\cos\varphi = \dfrac{\vec{a} \circ \vec{b}}{|\vec{a}| \cdot |\vec{b}|} \quad (0 \le \varphi \le \pi)$

Vektorprodukt im $\mathbb{R}^3$

- Definition: $\vec{a} \times \vec{b} = \begin{pmatrix} a_2 b_3 - a_3 b_2 \\ a_3 b_1 - a_1 b_3 \\ a_1 b_2 - a_2 b_1 \end{pmatrix}$

- Richtung: $\vec{a} \times \vec{b}$ steht senkrecht auf $\vec{a}$ und $\vec{b}$

- Betrag: $|\vec{a} \times \vec{b}| = |\vec{a}| \cdot |\vec{b}| \cdot \sin\varphi \quad (0 \le \varphi \le \pi)$

- Flächeninhalt eines Dreiecks ABC: $F = \dfrac{1}{2} \cdot |\overrightarrow{AB} \times \overrightarrow{AC}|$

- Volumen einer dreiseitigen Pyramide ABCD:

  $V = \dfrac{1}{6} \cdot \left| \overrightarrow{AB} \circ \left(\overrightarrow{AC} \times \overrightarrow{AD} \right) \right|$

Mittelpunkt einer Strecke [AB]

$\vec{M} = \dfrac{1}{2} \cdot \left(\vec{A} + \vec{B} \right)$

Schwerpunkt eines Dreiecks ABC

$\vec{S} = \dfrac{1}{3} \cdot \left(\vec{A} + \vec{B} + \vec{C} \right)$

Ebene im $\mathbb{R}^3$

- Parameterform: $\vec{X} = \vec{A} + \lambda \vec{u} + \mu \vec{v}$

- Normalenform in Vektordarstellung: $\vec{n} \circ \left(\vec{X} - \vec{A} \right) = 0$

- Normalenform in Koordinatendarstellung:
  $n_1 x_1 + n_2 x_2 + n_3 x_3 + n_0 = 0$

Kugelgleichung

$(x_1 - m_1)^2 + (x_2 - m_2)^2 + (x_3 - m_3)^2 = r^2$

Die Merkhilfe stellt keine Formelsammlung im klassischen Sinn dar. Bezeichnungen werden nicht erklärt und Voraussetzungen für die Gültigkeit der Formeln in der Regel nicht dargestellt.
Die Merkhilfe steht unter **www.isb.bayern.de** → Gymnasium → Fächer → Mathematik zum Download bereit.

Tabellenteil Chemie

Korrespondierende Säure-Base-Paare	pK_S-Wert	pK_B-Wert
HCl / Cl^-	< 0	>14
H_2SO_4 / HSO_4^-	< 0	>14
HNO_3 / NO_3^-	< 0	>14
CCl_3COOH / CCl_3COO^-	0,66	13,34
$CHCl_2COOH$ / $CHCl_2COO^-$	1,35	12,65
H_2SO_3 / HSO_3^-	1,90	12,10
HSO_4^- / SO_4^{2-}	1,99	12,01
H_3PO_4 / $H_2PO_4^-$	2,16	11,84
$[Fe(H_2O)_6]^{3+}$ / $[Fe(OH)(H_2O)_5]^{2+}$	2,22	11,78
$CH_2ClCOOH$ / CH_2ClCOO^-	2,87	11,13
HNO_2 / NO_2^-	3,14	10,86
HF / F^-	3,20	10,80
$HCOOH$ / $HCOO^-$	3,75	10,25
C_6H_5COOH / $C_6H_5COO^-$	4,20	9,80
CH_3COOH / CH_3COO^-	4,76	9,24
$[Al(H_2O)_6]^{3+}$ / $[Al(OH)(H_2O)_5]^{2+}$	4,85	9,15
CH_3CH_2COOH / $CH_3CH_2COO^-$	4,87	9,13
$C_6H_5NH_3^+$ / $C_6H_5NH_2$	4,87	9,13
H_2CO_3 / HCO_3^-	6,35	7,65
H_2S / HS^-	7,05	6,95
$H_2PO_4^-$ / HPO_4^{2-}	7,21	6,79
NH_4^+ / NH_3	9,25	4,75
$[Zn(H_2O)_6]^{2+}$ / $[Zn(OH)(H_2O)_5]^+$	9,61	4,39
C_6H_5OH / $C_6H_5O^-$	9,99	4,01

Korrespondierende Säure-Base-Paare	pK_S-Wert	pK_B-Wert
HCO_3^- / CO_3^{2-}	10,33	3,67
HPO_4^{2-} / PO_4^{3-}	12,32	1,68
H_2O / OH^-	14,00	0,00
CH_3CH_2OH / $CH_3CH_2O^-$	15,50	−1,50
HS^- / S^{2-}	19,00	−5,00

Tabelle zu den Standardpotenzialen

Redoxpaare	Standardpotenzial E^0 in V	Redoxpaare	Standardpotenzial E^0 in V
Li/Li$^+$	−3,04	Cu/Cu$^+$	0,52
Al/Al^{3+}	−1,66	I$^-$/I$_2$	0,54
Mn/Mn^{2+}	−1,19	Fe^{2+}/Fe^{3+}	0,77
Zn/Zn^{2+}	−0,76	Ag/Ag$^+$	0,80
Cr/Cr^{3+}	−0,74	Br$^-$/Br$_2$	1,07
S^{2-}/S	−0,48	Pt/Pt^{2+}	1,18
Fe/Fe^{2+}	−0,45	Mn^{2+}/MnO$_2$	1,22
Ni/Ni^{2+}	−0,26	H$_2$O/O$_2$	1,23
Sn/Sn^{2+}	−0,14	Cr^{3+}/Cr$_2$O$_7^{2-}$	1,36
Pb/Pb^{2+}	−0,13	Cl$^-$/Cl$_2$	1,36
Fe/Fe^{3+}	−0,04	Au$^+$/Au^{3+}	1,41
H$_2$/H$_3$O$^+$	0,00	Au/Au^{3+}	1,50
Cu$^+$/Cu^{2+}	0,15	Mn^{2+}/MnO$_4^-$	1,51
Cu/Cu^{2+}	0,34	MnO$_2$/MnO$_4^-$	1,68
OH$^-$/O$_2$	0,40	F$^-$/F$_2$	2,87